LE
CANTON DE SEURRE

GÉOGRAPHIE — DESCRIPTION — STATISTIQUE

HISTOIRE SPÉCIALE DE CHAQUE COMMUNE D'APRÈS
DES RENSEIGNEMENTS MIS EN ORDRE

PAR P. NOEL

INSTITUTEUR

DIJON

IMPRIMERIE DARANTIERE

65, RUE CHABOT-CHARNY, 65

1888

LE

CANTON DE SEURRE

GÉOGRAPHIE — DESCRIPTION — STATISTIQUE

LE
CANTON DE SEURRE

GÉOGRAPHIE — DESCRIPTION — STATISTIQUE

HISTOIRE SPÉCIALE DE CHAQUE COMMUNE D'APRÈS
DES RENSEIGNEMENTS MIS EN ORDRE

PAR P. NOEL

INSTITUTEUR

DIJON

IMPRIMERIE DARANTIERE

65, RUE CHABOT-CHARNY, 65

1888

PRÉFACE

Le travail qui suit n'est pas, à proprement parler, une œuvre personnelle. C'est le résumé des renseignements contenus dans les Monographies spéciales que les instituteurs du canton ont été chargés de faire — pour leurs communes respectives, en 1886.

Tous, s'étant mis courageusement à l'œuvre, ont recherché avec soin dans les Archives municipales, dans les anciens documents qu'ils ont pu se procurer, ou les traditions qu'ils ont pu recueillir, les origines, l'histoire, les transformations successives de leurs localités, ainsi que les faits curieux et intéressants qui s'y étaient passés, et les ont consignés dans leur travail.

La lecture de tous ces renseignements, recueillis séparément et rassemblés par une sorte de hasard pour être, bientôt après, disséminés à nouveau, m'a suggéré l'idée qu'il pouvait être d'un certain intérêt — de les condenser en un travail d'ensemble qui permettrait d'en conserver plus facilement le souvenir.

J'ai cherché, tout en conservant le plan sur lequel

avaient été rédigées les monographies, à présenter avec ordre tous les faits qui m'ont semblé dignes d'être retenus, tant au point de vue de l'histoire que de la géographie spéciale du canton, et j'ai complété le tout par quelques renseignements statistiques puisés à des sources officielles et pouvant être consultés à l'occasion; en un mot, j'ai essayé de tirer de l'ensemble un résumé intéressant et utile. Puissé-je y avoir réussi!

CHAPITRE PREMIER

GÉOGRAPHIE PHYSIQUE

Généralités

Le canton de Seurre, situé à la partie sud-est du département de la Côte-d'Or, touche à la fois aux départements de Saône-et-Loire et du Jura. Il est limité par les cantons de Verdun (Saône-et-Loire), Chemin (Jura), Saint-Jean-de-Losne, Nuits et Beaune-sud (Côte-d'Or).

Son étendue territoriale est de 22,814 hectares, soit une moyenne de 1,000 hectares pour chacune des 23 communes qui le composent. Cependant il s'en faut de beaucoup que toutes les communes aient cette surface ; quelques-unes la dépassent notablement, d'autres restent en dessous. Voici, d'ailleurs, en même temps que la population, l'étendue du territoire de chacune d'elles.

Seurre.	2,517 hab.	899 h. de sup.
Auvillars	422 —	674 —
Bagnot.	244 —	1,257 —
Bonnencontre . . .	491 —	1,083 —
Bousselange. . . .	209 —	720 —
A reporter. . .	3,883 —	4,633 —

Report	3,883 hab.	4,633 h. de sup.	
Broin	330	—	1,418	—
Chamblanc	560	—	1,021	—
Chivres	490	—	823	—
Corberon	474	—	1,172	—
Corgengoux	523	—	1,254	—
Glanon	260	—	365	—
Grobois-les-Tichey. .	128	—	486	—
Jallanges	454	—	748	—
Labergement-les-Seurre	1,300	—	2,883	—
Labruyère	294	—	752	—
Lanthes	227	—	980	—
Le Châtelet	336	—	368	—
Montmain.	129	—	907	—
Pagny-la-Ville . . .	606	—	673	—
Pagny-le-Château . .	604	—	2,423	—
Pouilly-sur-Saône . .	705	—	515	—
Tichey.	387	—	688	—
Trugny	210	—	705	—

Totaux . . 11,909 h., 22,844 hectares.

Toutes ces communes forment des agglomérations compactes et il y a fort peu de hameaux proprement dits. Les seuls existant sont : A Corgengoux, hameaux de Grosbois, à 2 kilom., Parruey et Mazerotte, à 1 kilom. 200 m.; à Lanthes, hameau du Meix, à 1 kilom. 1/2 du chef-lieu; à Pouilly-sur-Saône, hameau du Portail, à 2 kilom. 1/2.

Les habitations éparses y sont également rares, et ne consistent guère qu'en quelques bâtiments de ferme ou en maisons de gardes-barrières des chemins de fer.

Divisions naturelles

Le canton de Seurre est divisé, par la rivière de Saône, en deux parties sensiblement égales : l'une, sur la rive droite, comprenant onze communes avec leur territoire, l'autre sur la rive gauche, comprenant les douze autres communes.

Le sol est, en général, plat et uni ; toutefois, sur la rive droite, une colline d'une hauteur moyenne de 50^m à 55^m, d'une pente rapide en certains endroits, limite la vallée proprement dite de la Saône, et marque la limite qu'atteignent les inondations. Ce coteau est successivement couronné par les villages de Bonnencontre, Broin, Auvillars, Glanon, Pouilly, Labergement et Chivres. C'est aussi la limite des prairies de la Saône sur la rive droite. Sur la rive gauche, il n'y a, pour ainsi dire, pas de relief ; un simple petit coteau d'une dizaine de mètres, à pente insensible, limite cette vallée.

Cours d'eau

Le canton de Seurre est traversé du nord-est au sud-est par la grande rivière de *Saône*, qui, ainsi que je l'ai dit, le partage en deux sections à peu près égales, limitant le territoire des communes avoisinantes. La largeur de la rivière est d'environ 150 mètres.

En raison des inondations assez fréquentes, peu de villages ont pu être bâtis sur les bords mêmes de la rivière. Les seuls que la configuration du sol ait permis de s'y installer, sont : sur la rive droite,

Glanon et Pouilly-sur-Saône ; sur la rive gauche : Pagny-la-Ville, Le Châtelet, Seurre, Jallanges et Trugny.

Dans le but de faciliter la navigation, deux barrages mobiles avec écluses ont été construits : l'un au territoire de Trugny, à 2 kilomètres sud de Seurre, appelé *Barrage de Seurre*, et l'autre, à 11 kilomètres en amont, près du village même du Châtelet, dont il porte le nom.

Le territoire du canton de Seurre est en outre parcouru par quelques affluents, soit directs, soit indirects de la Saône. Ces affluents sont fort peu importants. En voici la nomenclature :

1° *L'Auxon*, le seul affluent direct du canton de Seurre, nait au territoire de Grosbois-les-Tichey, traverse le territoire de Tichey, entre dans le canton de Saint-Jean-de-Losne, passe à Franxault, sert ensuite de limite aux cantons de Seurre et de Saint-Jean-de-Losne, et se jette dans la Saône à 3 kilomètres en aval de cette dernière ville. Longueur : environ 12 kilomètres.

Cette rivière, coulant dans un pays de plaines, est fort peu abondante ; souvent même, elle est complètement tarie en été. Son cours a ceci de particulier qu'elle coule en général du sud au nord, tandis que la Saône coule précisément en sens contraire, du nord au sud.

Parmi les affluents indirects, les principaux sont :

La *Sereine*, petit ruisseau de peu d'importance presque toujours tari en été, qui prend sa source dans les bois au nord de Broin, traverse les territoires de Broin, Auvillars, Bagnot, Montmain, Corberon et

Corgengoux où elle rejoint la Bouzaise, après un cours d'environ 10 kilomètres.

Le *Meuzin* ou rivière de Nuits, plus importante que les précédentes, vient d'Arcenant, dans le canton de Nuits, traverse Nuits, arrose Quincey, Argilly, Villy-le-Moutier, Corberon, et rejoint la Bouzaise au village de Corgengoux. Cette petite rivière, dont le débit est d'environ 20 mètres cubes à la minute, ne tarit as; elle alimente plusieurs moulins, dont deux sur le territoire de Corberon.

La *Bouzaise*, qui prend sa source à l'ouest de Beaune qu'elle traverse, arrose divers villages du canton de Beaune, reçoit des affluents : le Rhoin, la Lauve, le Meuzin, la Sereine, passe à Corgengoux où elle fait tourner un moulin, et joint la Dheune à quelques kilomètres, à Palleau (Saône-et-Loire). Cette petite rivière est assez abondante, et alimente un certain nombre de moulins. Débit 80 mètres cubes à la minute.

Tous ces cours d'eau sont situés sur la rive droite.

Sur la rive gauche, outre l'Auxon déjà cité, coule la *Sablonne*, affluent du Doubs, d'une vingtaine de kilomètres de longueur, qui sert de limite aux départements de la Côte-d'Or et du Jura, et par suite aux communes limitrophes de Tichey et de Bousselange et joint le Doubs au sud d'Annoire. Cette rivière peu abondante tarit souvent en été.

Il n'existe sur la Saône, dans toute l'étendue du canton, qu'un seul pont, à Seurre pour les piétons et les voitures; mais un second est actuellement en construction près de Pagny-la-Ville. — Un pont en fer sert en outre au passage de la ligne du chemin de fer de Gray à Chagny. Les autres petites rivières sont traversées par de nombreux ponts en pierre, en fer ou en bois.

Il n'y a pas, dans le canton, de marais proprement dits, mais les étangs sont nombreux, surtout dans les régions boisées. Le plus grand est l'étang de Champ-jarley traversé par la Sereine, au territoire de Corbe-ron, et d'une superficie de 33 hectares. Ces étangs sont alternativement mis en eau ou en culture.

Associations syndicales. — La plupart des petites rivières citées ci-dessus sont entretenues en bon état par les propriétaires riverains, à l'aide d'asso-ciations syndicales. Des associations analogues exis-tent en outre pour un certain nombre de ruisseaux moins importants.

Voici quelques indications sur les principaux syn-dicats.

Chamblanc, longueur entretenue : 10,855ᵐ, assainissant 784 hect.			
Chivres	—	5,289	— 232 —
Labergement	—	4,076	— 403 —
Labruyère	—	6,119	— 112 —
Lanthes	—	2,000	— 242 —
Pagny-le-Château	—	13,913	- 914 —
Pagny-la-Ville	—	11,651	— 197 —
Tichey	—	17,635	— 690 —
Jallanges et Seurre	—	3,018	— 153 —
— et Trugny	—	12,225	— 1741 —
Auvillars	—	2,170	— 40 —
Corgengoux	—	940	— 55 —

Les dépenses annuelles d'entretien faites par ces divers syndicats s'élèvent chaque année au chiffre de 5 à 6,000 fr.

CHAPITRE II

GÉOGRAPHIE ÉCONOMIQUE

Divisions agricoles

Au point de vue agricole, le canton de Seurre peut se diviser en trois régions parfaitement distinctes.

1° La région des *Prairies*, d'une étendue égale au sixième du canton, qui comprend toute la vallée proprement dite de la Saône, au niveau de la rivière, et sujette à ses inondations, limitée à droite et à gauche par la colline et les petits coteaux dont j'ai déjà parlé. A cette partie il faut ajouter les prairies de la vallée du Meuzin et de la Bouzaise, sur les territoires de Corberon et Corgengoux, et quelque peu sur les rives de l'Auxon et de la Sereine.

2° La région des *Forêts*, qui comprend plus du quart de la surface, et se compose elle-même de deux sections distinctes, savoir: sur la rive droite, tout le faîte de la colline qui limite le bassin de la Saône, à l'est, et ceux du Meuzin et de la Bouzaise à l'ouest; ces bois se rattachent à la grande forêt de Cîteaux; sur la rive gauche, les forêts occupent également tout le faîte du plateau situé entre la Saône à l'ouest, l'Auxon et la Sablonne à l'est ; on les désigne en général sous les noms de forêt de Pagny et forêt de Lanthes.

3° La région des *Terres cultivées* comprenant tous les plateaux situés entre les deux régions précitées et les limites du canton, à l'est et à l'ouest. Toute cette région est livrée à la culture des céréales et des plantes oléagineuses, des prairies artificielles et du houblon, à l'exception toutefois des pentes orientales de la grande colline centrale et des petits coteaux de Corberon et Corgengoux qui sont recouverts de vignobles importants.

La propriété est très morcelée dans le canton de Seurre, surtout aux approches des villages. Il y a peu d'exploitations importantes. Le sol est cultivé soit par les propriétaires, soit par des fermiers ; le métayage existe pour la culture des vignes.

Un certain nombre d'étangs ont été desséchés depuis quelques années, mais il en reste encore beaucoup trop. Le drainage est peu usité ; il en est de même des irrigations qui ne sont guère pratiquées que dans la vallée du Meuzin et de la Bouzaise.

Voici, pour les principales cultures, les chiffres résultant de la statistique cantonale de 1886.

CATÉGORIES	NATURE des récoltes	SURFACE cultivée	PRODUCTION TOTALE			PRODUCTION par hectare			POIDS moyen de l'hect.	VALEUR totale
			Hectl.	Quint.	Paille Quint.	Hectl.	Quint.	Paille.		
Céréales.	Blé. . .	3.259	65.147	49.505	84.603	20	15.19	25.96	74.9	»
	Seigle. .	705	12 083	8.516	17.427	17.14	12.08	24.72	72.09	»
	Orge.. .	188	4.005	2.514	2.982	21.25	13.34	15.82	62.225	»
	Avoine .	1.235	33.761	15.251	24.071	27.56	12.45	19.65	46.6	»
	Maïs . .	300	6 120	4.680	126	20.4	15.6	15.75	75.8	»
Oléagineuses.	Colza . .	257	2.752	1.896	»	10.71	7.38	»	»	50.452
Diverses Prairies.	Prés naturels .	3.814	»	99.278	»	»	26.03	»	»	683.035
	Luzerne.	220	»	15.569	»	»	70.77	»	»	95.751
	Houblon	105	»	1.504	»	»	14	»	»	94.050
	Pommes de terre	859	»	82.301	»	»	85.82	»	»	283.116
	Vignes..	680	8.429	»	»	13	»	»	»	315.000

De l'examen de ce tableau, il ressort :

1° Que l'étendue des prairies naturelles dans le canton est notablement supérieure à la surface cultivée en froment ;

2° Que le canton possède plus de 100 hectares de houblon ;

3° Que l'on y compte plus de 600 hectares de vignes appartenant à peu près exclusivement à neuf communes, savoir :

Auvillars. .	90 h. de vignes.		REPORT.	302 h. de vignes.	
Bonnencontre	42	—	Corgengoux.	75	—
Broin . . .	85	—	Glanon. . .	15	—
Chivres . .	40	—	Labergement.	204	—
Corberon . .	45	—	Pouilly-sur-S.	30	—
A REPORTER.	302 h. de vignes		TOTAL . .	626 h. de vignes	

dont le tiers pour la commune de Labergemeent, seule ; le surplus de la surface précédente se répartit par petites quantités entre les autres communes du canton.

Les communes où se cultive plus spécialement le houblon, sont : Seurre, 30 hectares, Pouilly-sur-Saône, 25 hectares, Jallanges et Trugny, 21 hectares.

Le canton renferme de vastes forêts d'une étendue totale de 6,146 hectares, formant près du quart de la surface totale du canton, et réparties, ainsi que je l'ai dit, en deux grands groupes situés sur les territoires des communes suivantes :

GROUPE DE LA RIVE DROITE   GROUPE DE LA RIVE GAUCHE

COMMUNES	FORÊTS APPARTENANT			TOTAL	COMMUNES	FORÊTS APPARTENANT			TOTAL
	aux communes	aux particuliers	à l'État			aux communes	aux particuliers	à l'État	
	hect.	hect.	hect.	hect.		hect.	hect.	hect.	hect.
Auvillars	»	3	»	3	Report . . .	1,054	1,988	620	3,662
Bonnencontre . .	71	241	»	312	Pagny-le-Château	230	834	»	1,064
Broin	63	61	620	744	Chamblanc . . .	105	90	»	195
Bagnot	41	524	»	565	Lanthes	59	566	»	625
Glanon	1	6	»	7	Jallanges	126	82	»	208
Montmain	31	630	»	661	Trugny	27	»	»	27
Labergement . .	660	22	»	682					
Chivres	68	»	»	68	Grobois-l-Tichey	33	152	»	185
Corberon	65	350	»	415	Bousselange . . .	53	127	»	180
Corgengoux . . .	54	151	»	205					
TOTAL . . .	1,054	1,988	620	3,662	TOTAUX . . .	1,687	3,839	620	6,146

On voit, par le tableau qui précède, que bon nombre de communes du canton possèdent des forêts.

Ces forêts sont exploitées sous forme de taillis et futaies, et distribuées comme affouage aux habitants, dans une période de 20 à 25 ans ; toutefois, quelques anomalies, provenant des anciennes subdivisions territoriales, se font encore remarquer. Ainsi, à Corgengoux, le hameau seul de Grosbois jouit de l'affouage ; le chef-lieu et les deux autres hameaux de Parruey et de Mazerotte n'ont point de bois. A Jallanges, la section de Saint-Georges, comprenant 5 ou 6 ménages, ne participe pas au bénéfice de l'affouage. A Lanthes, l'affouage est distribué aux habitants du chef-lieu tous les ans, tandis que dans le hameau du Meix, on ne reçoit de l'affouage que tous les deux ans.

Animaux domestiques

Les animaux domestiques sont nombreux dans le canton de Seurre ; ils sont élevés soit comme bêtes de somme, soit comme animaux de boucherie.

Voici d'ailleurs les chiffres officiels pour 1886.

Chevaux	1,539	Génisses de moins d'un an	800
Anes	28	Béliers	21
Taureaux	109	Moutons	258
Bœufs de trait	438	Brebis	451
— à l'engrais	126	Agneaux de 0 à 2 ans	828
Vaches	4,680	Porcs	3,659
Bouvillons	236	Chèvres	106
Génisses de plus d'un an	825	Abeilles (ruches)	1,515

Industrie

L'industrie proprement dite est peu active dans le canton de Seurre, dont les habitants se livrent surtout à la culture ; elle n'est guère représentée que par des artisans produisant les objets nécessaires aux habitants, soit pour leur usage personnel, soit pour leurs travaux, c'est-à-dire par des sabotiers, cordonniers, boulangers, charpentiers, maçons, menuisiers, charrons, bouchers, etc.

Il faut cependant signaler une importante poterie mécanique à Pouilly-sur-Saône, pour la fabrication des tuyaux de grès, des tuyaux ordinaires, et de divers autres produits de l'industrie céramique. Cette usine, installée depuis quelques années seulement sur l'emplacement d'un ancien haut-fourneau, prend chaque jour plus d'extension, et occupe environ 50 à 60 ouvriers. Elle appartient à MM. Jacob père et fils, qui possèdent des usines analogues à Navilly et au Chapot, près Verdun (Saône-et-Loire).

A Pouilly-sur-Saône existent encore deux autres briqueteries à la main ; une scierie mécanique et une féculerie sont installées au hameau du Portail.

Des tuileries et briqueteries existent aussi à Broin, à Lanthes et à Bonnencontre ; les produits s'écoulent dans les environs. — Des huileries sont installées à Seurre, Chivres, Trugny et Pagny-la-Ville. Dans cette dernière localité existe aussi une grande féculerie très bien outillée et organisée.

Des associations, pour la fabrication des fromages façon Gruyère, sont établies dans chacune des trois communes de Grosbois-les-Tichey, Bousselange et Tichey; les produits, de bonne qualité, se vendent très bien.

Citons encore deux moulins à eau à Corberon sur le Meuzin, et deux à Corgengoux : un sur le Meuzin, et un sur la Bouzaise.

Rappelons ici, à titre de souvenir personnel, l'importante usine de produits chimiques, créée en 1809, à Pouilly-sur-Saône, par M. Jean-Baptiste Mollerat, travailleur infatigable et chimiste distingué, né à Nuits en 1772, décédé à Pouilly en 1855.

Cette usine qui, il y a quelques années, occupait jusqu'à 150 ouvriers, avait surtout pour objet la carbonisation du bois en vases clos, et la fabrication des divers produits chimiques que l'on pouvait obtenir à l'aide de l'acide pyroligneux et de ses dérivés. — Le nom de *Vinaigre de Pouilly* était alors connu non seulement en France, mais à l'étranger, et les produits de cette manufacture étaient très recherchés.

Commerce. — Foires et marchés.

Le commerce est très actif dans le canton de Seurre où il se trouve favorisé par deux lignes de chemins de fer, la Saône, de nombreuses voies de communication, des marchés et des foires.

Il s'exerce surtout sur les céréales, les bestiaux, les bois, les huiles, les fourrages, etc. Comme com-

merce spécial à la région, on pourrait citer tout spécialement les houblons qui s'exportent au loin; les
foins et les pailles que l'on expédie par eau ou par
chemin de fer, surtout sur Lyon.

Pour favoriser les transactions, de nombreuses
foires ont lieu, savoir :

Dix à Seurre : les 20 janvier, 20 février, 20 mars,
21 mai, 1er et 31 juillet, 29 août, 25 octobre, 25 novembre et 20 décembre;

Trois à Jallanges, les 4 janvier, 23 avril et 24 septembre;

Deux à Labergement, les 10 juin et 10 août;

Deux à Pouilly-sur-Saône, les 5 juin et 15 septembre;

Et deux à Pagny-la-Ville, les 15 mai et 7 octobre.

Mais il faut dire que celles de Seurre et de Jallanges ont à peu près seules de l'importance; les
autres sont insignifiantes; à toutes, on vend à peu
près exclusivement du bétail; toutefois, les jours de
foire à Seurre, de nombreuses et grandes affaires
en céréales et grains de toute nature s'y traitent sur
la place publique, et cette sorte de marché aux céréales, auquel se rendent de nombreux négociants,
venant quelquefois de fort loin, est sans contredit
l'un des plus importants de tout le département. En
outre, un marché aux grains se tient le samedi de
chaque semaine, à la halle aux grains de Seurre,
mais il a perdu beaucoup.

Pour la vente des volailles et comestibles, ont lieu
chaque semaine, à Seurre, des marchés très fré-

quentés, les mardi, vendredi et samedi, et un, à Labergement, le mercredi.

Voies de communication

Ce qui contribue surtout à favoriser le commerce,
c'est le réseau de voies de communication qui re-
couvre le canton et dont voici l'indication des principales :

1° *Routes*. — Route nationale n° 73, de Moulins
à Bâle, du territoire de Corberon à celui de Trugny,
par Corberon, Labergement, Pouilly, Seurre, Jallanges et Trugny. — Longueur dans le canton :
19,193 mètres.

Route départementale n° 4, de Seurre à Dijon,
par Saint-Jean-de-Losne, de la ville de Seurre à la
sortie du territoire de Pagny-le-Château, par cette
commune. — Longueur dans le canton : 12,208
mètres.

Route départementale n° 5, de Seurre à Aiserey,
par Pouilly, Auvillars, Broin et Bonnencontre, allant
de la route n° 73, à Pouilly, à la sortie du territoire
de Bonnencontre. — Longueur dans le canton :
12,230 mètres.

Route départementale n° 12, de Seurre à Dijon,
par Cîteaux, du guidon de Broin (route départementale n° 5) à la sortie du territoire de Broin. — Longueur dans le canton, à partir du guidon de Broin :
2,995 mètres.

2° *Chemins de grande communication et d'intérêts communs.* — Le canton est traversé par les chemins de grande communication n° 3, de Seurre à
Mâlain, par Nuits ; n° 7 de Corberon à Corgoloin ;

n° 12, de Seurre à Dole, par Tichey ; par les chemins d'intérêts communs n° 31, de Seurre à Navilly, n° 32, de Charrey à Verdun, par Seurre et n° 38, de Bonnencontre à Cîteaux.

Voici d'ailleurs, un tableau exact de tous les chemins du canton.

COMMUNES	CHEMINS DE GRANDE COMMUNICATION			CHEMINS D'INTÉRÊTS COMMUNS			CHEMINS VICINAUX ORDINAIRES			CHEMINS RURAUX	
	N° 3	N° 7	N° 12	1° 31	1° 32	1° 38	Nombre	largeur entretenue	largeur totale	Nombre	largeur totale
	m.	m.	m.	m.	m.	m.		m.	m.		m.
Seurre. . . .	»	»	2110	»	1233	»	11	4185	4185	8	9225
Auvillars . .	378	»	»	»	»	»	4	3565	5245	16	9603
Bagnot. . . .	2298	»	»	»	»	»	4	5734	7965	20	17614
Bonnencontre	»	»	»	»	565	3316	2	1833	2502	13	8930
Bousselange.	»	»	»	»	»	»	5	6483	7170	4	3892
Broin	»	»	»	»	»	»	5	2276	4813	28	15587
Chamblanc .	»	»	»	»	1712	»	3	3135	6794	14	12700
Chivres . . .	»	»	»	»	3275	»	4	3110	3783	12	13004
Corberon . .	»	1747	»	»	»	»	3	1921	1921	20	11291
Corgengoux .	»	»	»	»	»	»	9	12230	16599	21	13591
Glanon . . .	»	»	»	»	»	»	4	3167	4050	8	4300
Grobois-l-Tic.	»	»	2205	»	»	»	4	1626	1626	4	2185
Jallanges. . .	»	»	»	»	»	»	4	5123	5123	16	9157
Labergement.	»	»	»	»	3463	»	13	18401	19720	41	36929
Labruyère . .	»	»	»	»	3129	»	2	2052	2052	13	9903
Lanthes . . .	»	»	3835	»	»	»	5	5036	6701	9	5155
Le Châtelet .	»	»	»	»	»	»	6	5853	6935	8	7550
Montmain . .	»	»	»	»	»	»	3	6135	7490	10	7757
Pagny-la-V.	»	»	»	»	3251	»	8	5513	5513	4	6530
Pagny-le-Ch.	»	»	»	»	»	»	7	9737	9737	7	6742
Pouilly-s-S.	»	»	»	»	452	»	4	1974	1974	7	8660
Tichey. . . .	»	»	2907	»	»	»	2	2590	2590	17	12724
Trugny . . .	»	»	»	3360	»	»	1	1010	1406	2	1344
Totaux . .	2676	1747	11037	3360	17080	3316	113	113332	135514	300	230675

Voies navigables

La seule voie navigable qui traverse le canton de Seurre est la Saône qui, grâce aux barrages déjà cités, offre toujours une profondeur d'eau suffisante aux plus grands bateaux.

Au moyen de cette rivière et du canal de Bourgogne de nombreux bateaux de houille, provenant des mines de Blanzy et à destination de Paris et des localités du Nord-Est, remontent la Saône, en même temps que des bateaux à vapeur de la compagnie Le Havre-Paris-Lyon, remorquant de nombreux bateaux diversement chargés, servent de communication entre les diverses contrées du Nord, et le bassin du Rhône au Midi. Enfin les canaux du Centre, de Bourgogne, du Rhône au Rhin et de l'Est, sont encore la source d'un grand trafic qui se fait par eau à travers le canton.

Chemins de fer

Deux lignes de chemins de fer desservent le canton de Seurre par un tronçon commun : ce sont les lignes de Dijon à Saint-Amour, et de Chalon à Gray.

La ligne commune est à deux voies, et les gares de Pagny-le-Château et Seurre sont communes aux deux lignes. A deux kilomètres au sud de cette dernière gare, la ligne de Chalon se sépare de celle de Saint-Amour et a une seule gare spéciale dans le canton : celle de Chivres. ouverte aux voyageurs seulement.

Postes et télégraphes

Le canton de Seurre possède quatre bureaux de poste, six bureaux télégraphiques et quatre stations téléphoniques.

Les quatre bureaux de poste sont :

Seurre, desservant, outre la ville de Seurre, les communes de Pouilly-sur-Saône, Montmain, Glanon, Auvillars, Bagnot, Broin et Bonnencontre, sur la rive droite de la Saône ; Jallanges, Trugny, Chamblanc, Lanthes, Grosbois-les-Tichey, Bousselange et Tichey, sur la rive gauche.

Pagny-le-Château, desservant, outre cette commune, celles de Pagny-la-Ville, Labruyère et Le Châtelet.

Labergement-les-Seurre, ne desservant que cette commune et celle de Chivres.

Et *Corberon*, desservant cette commune et celle de Corgengoux ainsi que quelques autres communes des cantons voisins.

A chacun de ces quatre bureaux de poste est joint un bureau télégraphique. En outre, un bureau admettant au départ toutes les dépêches, et n'admettant à l'arrivée que les dépêches bureau restant, existe à chacune des écluses ou plutôt des barrages de Seurre et Le Châtelet.

Une ligne téléphonique privée, comprenant deux fils et quatre stations, existe entre Seurre et Pouilly-sur-Saône ; en outre, une autre pour le service de la Saône existe entre les écluses de Seurre et de Le Châtelet.

Aspect général des localités

En général, les habitations, dans les communes, sont groupées et non éparses, ainsi que le témoigne d'ailleurs le petit nombre des hameaux.

Les maisons sont, le plus souvent, construites en briques, et couvertes en tuiles, surtout celles de construction récente ; mais un certain nombre, qui remontent à une date plus ou moins éloignée, sont encore construites en pans de bois et torchis, et couvertes en chaume. Ce mode de construction rend les incendies fréquents et souvent terribles.

Citons parmi les sinistres les plus importants dont le souvenir ait été conservé, les suivants :

A Chivres, les trois quarts du village furent brûlés, le 4 mai 1696.

A Chamblanc, en 1795, un incendie détruit la moitié du village ; un nouvel incendie détruit 10 maisons en 1845 et un autre en consume 9, le 6 avril 1869.

A Broin, un incendie détruit 18 maisons en 1822, et un autre en consume 20, le 11 août 1863.

A Pagny-le-Château, 16 ménages furent la proie des flammes le 22 juillet 1849 ; 7, le 16 avril 1853 ; 18, le 26 juin 1858 et 12, le 26 août 1863.

A Pagny-la-Ville, 38 maisons et 8 granges furent brûlées le 28 avril 1846, et les pertes s'élevèrent à la somme de 249,380 fr. — Enfin un incendie, éclatant en plein midi, détruisit à Jallanges, le 10 août 1880, 43 maisons comprenant 52 ménages.

CHAPITRE III

GÉOGRAPHIE HISTORIQUE ET POLITIQUE

HISTOIRE

*du canton en général et de chaque commune en particulier
depuis les temps les plus reculés jusqu'à nos jours.*

Passons maintenant à l'examen de ce qui peut intéresser dans l'histoire générale du canton ou dans l'histoire spéciale de chacune de ses communes.

Périodes gauloise et romaine

Par suite de sa position sur les bords d'une grande rivière, placée à proximité des lieux où la lutte entre les Gaulois et leurs conquérants acquit toute son énergie, entre les champs de bataille de Franche-Comté et Alesia où eut lieu la lutte finale, cette contrée devait nécessairement attirer l'attention des Romains, et il était naturel qu'ils songeassent à s'y établir solidement, de façon à y favoriser les mouvements de troupes et les courants commerciaux qui pouvaient servir leurs intérêts.

Aussi les traces du séjour des Romains et de leur domination dans le pays sont-elles assez nombreuses dans toute l'étendue du canton, où les emplacements de camps, les tumuli, les voies de communication se rencontrent à chaque pas, soit que ces traces proviennent des Gaulois, soit qu'elles aient été l'œuvre de leurs conquérants.

Citons d'abord les camps retranchés, et en premier lieu celui auquel la ville de Seurre doit son origine, et qui, situé à la limite du territoire de Truguy, porte encore le nom de *Vieux Seurre*.

A Chamblanc, il existe dans les bois communaux un ancien camp romain entouré d'un large fossé, et connu sous le nom de *Château-Lamotte;* une voie romaine aboutit à ce camp.

A Corgengoux, il devait en exister un sur le bord de la voie romaine, dans l'angle formé par la réunion de la Sereine et de la Bouzaise; car on y a trouvé des épées nues, des poignées de sabres et beaucoup d'autres objets.

A Corberon, des substructions, entourées de fossés, près et à l'est de la voie romaine traversant le territoire, font croire à l'établissement en ces lieux de postes militaires chargés de veiller à la défense du pays.

Les voies de communication viennent ensuite en plus grand nombre encore.

Sur les territoires de Corberon et Corgengoux se voient les restes très apparents de la belle voie romaine dite *Voie Agrippine*, allant de Chalon à Dijon, et qui, à partir de Villy-le-Moutier, est en grande partie à l'état de viabilité et d'entretien jusqu'à Dijon.

Une autre voie également très visible, à peu près perpendiculaire à la précédente, existe à la limite des territoires de Bagnot et Labergement, lieu dit : Le

Cheminet ou *Chemeneau.* La chaussée domine d'environ 0=80 tout le sol environnant. Cette voie passait à Seurre se dirigeant sur Besançon ; elle traversait le territoire de Jallanges tirant à l'emplacement du vieux Seurre, où elle s'appelle encore la *Vie Gravée* ou *Voie Gravée.*

A Pagny-le-Château se remarque aussi une voie romaine, à peu près parallèle à la route départementale n° 4, et encore très apparente par suite du gravier provenant de l'entretien.

Des vestiges se voient également à l'est de Broin à Chamblanc et à Le Châtelet.

Enfin, deux tumuli, connus sous le nom de *Grand* et *Petit Moutiau,* existent dans la prairie de Pouilly-sur-Saône, à 200 mètres de la chaussée ou levée de Pouilly à Seurre, qu'il y a lieu, je crois, de considérer comme ayant fait partie de l'ancienne voie romaine plus haut citée, sur le territoire de Bagnot. Ce qui porte à croire qu'il en est ainsi, c'est : 1° que la direction de la chaussée est sensiblement dans le prolongement de ladite voie, dans la partie où elle est encore visible ; 2° que si cette chaussée était de construction récente, il y aurait dans les environs, au moins trace des fouilles pratiquées pour trouver l'énorme quantité de terre qu'il a fallu accumuler pour sa construction, et que ces traces font absolument défaut.

Des sépultures découvertes en divers endroits, notamment à Seurre, à Pagny-la-Ville, et divers objets trouvés à Le Châtelet, Seurre, Corgengoux, etc., témoignent aussi de l'occupation romaine dans cette contrée.

Période féodale

Après ces généralités, concernant une époque pour laquelle il n'y a pas de documents spéciaux, je vais suivre et raconter sommairement l'histoire de chacune des vingt-trois communes pendant l'époque féodale d'après les renseignements fournis par mes collègues.

Dans l'impossibilité de condenser ces renseignements en un récit unique, je me contenterai d'indiquer pour chacune d'elles les faits les plus saillants de son histoire jusqu'à la période révolutionnaire.

Seurre

Dont le nom fut successivement *Surrugium*, *Saurra* 1245, *Sahure* 1278, *Bellegarde* 1619, puis *Seheure* et enfin *Seurre*, doit son origine au camp retranché plus haut mentionné et connu sous le nom de *Vieux Seurre;* Jules César ayant fait démolir et raser ce camp, les habitants s'établirent à Saint-Georges, puis peu à peu à l'emplacement actuel.

Par sa position, Seurre acquit rapidement de l'importance, et en 1245, Hugues d'Antigny, sire de Pagny et de Seurre, lui octroya une charte d'affranchissement confirmée en 1278, par son fils Philippe de Vienne, moyennant 4,000 livres tournois.

Seurre eut dès lors une administration spéciale et distincte, s'entoura de murailles et devint place de guerre.

Brûlée par les Suisses en lutte avec Charles le Téméraire, puis ayant embrassé le parti de Marie de Bourgogne, et saccagée à nouveau par d'Amboise, elle ne se releva que sous François Ier qui en augmenta les fortifications dans le but de la préparer à résister à Charles-Quint.

Après le traité de Madrid, elle fut assiégée par Lannoy, mais ce général fut repoussé avec pertes.

Seurre eut beaucoup à souffrir pendant les guerres de religion, et surtout pendant la Ligue. Un capitaine au service des Guises, nommé Guillermi, s'empara de cette ville dont il s'appropria les deniers publics, fit mettre à mort les bourgeois et les habitants qui avaient soutenu le Béarnais, et commit toutes sortes d'exactions, jusqu'à ce qu'enfin il fût livré par les Beaunois à Biron et mis à mort. — Un capitaine La Perle lui ayant succédé agit à peu près de même, et en 1596, un Italien connu sous le nom de capitaine La Fortune, que Henri IV avait envoyé pour prendre en son nom possession de la ville, trahit son maitre, pilla et ravagea toute la contrée environnante où l'on fut obligé de construire des forts pour arrêter ses déprédations et ne fit sa soumission au roi que le 24 juin 1598.

Seurre tomba ensuite au pouvoir du duc de Bellegarde qui, en 1619, fit ériger cette ville en duché-pairie. Elle s'appela alors *Bellegarde* jusqu'en 1646.

A la mort du duc de Bellegarde, Seurre passa aux mains du prince de Condé en 1650, de sorte que, quand la Fronde éclata, cette ville se trouva forcément obligée d'y prendre part. Assiégée par Mazarin et le Roi en personne, elle se rendit après 15 jours de tranchée ouverte, et Louis XIV y fit son entrée le 20 avril 1650.

Trois ans plus tard, Condé en ayant repris possession, la guerre recommença et Condé se retira chez les Espagnols. Le duc d'Epernon vint avec une nombreuse armée mettre à nouveau le siège devant Seurre qui fut investie le 8 mai 1653 et se rendit le 8 juin suivant, après s'être défendue vaillamment pendant un mois. Ses fortifications furent rasées et disparurent à peu près complètement, et la ville devint ville commerçante. (Voir pour plus de détails : *Monographie de la ville de Seurre, par P. Noël Dijon, Darantiere* 1887.

Auvillars

Autrefois *Haut-Villiers* 1275, *Auvillers* 1461, sur le flanc de la colline, rive droite de la Saône, est une localité très ancienne qui a donné son nom à d'anciens seigneurs. Eudes d'Auvillars était premier pannetier du duc Robert, en 1302. — Jehan d'Auvillars était premier gentilhomme de Jacques de Vienne, baron de Longvy, en 1358.

La terre et le château-fort d'Auvillars appartinrent successivement à Hugues de Vienne, sire de Seurre et de Sainte-Croix qui déclara, le 1er septembre 1374, les tenir en fief du duc de Bourgogne, à Philippe de Courcelle, à Hugues de Morissant, à Gauthier Saint-Hilaire, à Jehan de Pierrevilliers.

En 1581, les seigneurs d'Auvillars prennent le titre de barons de la Lochière; en 1640, la terre d'Auvillars passe à Louis Gallois, baron de Mercey, gentilhomme et capitaine des gardes de M. le Prince, lequel la donne par testament à Edme Gonthier, conseiller au parlement, son neveu, à la charge d'ériger un hôpital, et y attacha 200 livres de rentes pour les malades du lieu. La maison, où fut établi cet hôpital, existe encore de nos jours, mais l'hôpital a disparu depuis longtemps.

Le château-fort, bâti par Jean de Saint-Hilaire, réparé par Louis Gallois en 1650, existe encore également, mais approprié à la moderne; seules, l'entrée et deux tours bien conservées lui donnent quelque cachet d'ancienneté. On rapporte qu'en 1636, ce château fut assiégé par Galas ; sept hommes déterminés renfermés dans la tour dite de Saint-Vincent résistèrent pendant trois jours à un parti de Croates qui les força, au moyen d'une pièce de canon, à se rendre. Ils furent pendus malgré la capitulation.

Bagnot

Autrefois *Balnéolum*, *Bagna villa* 783, *Baignous* 1190, *Baignoul* 1232, *Baignol* 1532, *Baignol* 1661, *Bagnot* 1743 à l'ouest d'Auvillars.

Fut acheté par Hugues IV, ainsi que Saulon et Argilly en 1232. Ce duc lui accorda, en 1234, le droit de franchises, celui d'élire quatre échevins, et divers privilèges ; aussi, il est dit, dans un terrier de la Chatellenie royale d'Argilly en 1566, que « les habitants de « Baignol ont unanimement dit et déclaré qu'ils « étaient hommes et subjects du Roy, n'aiant aultre « seigneur audit lieu de Baignol. Plus encore ont

« dit avoir le droit d'élire chacun an quatre esche-
« vins audit Baignol, qui leur administrent la justice,
« sauf réserve des cas graves qui sont soumis au
« juge pour le Roy, en sa prévôté de Baignol. »

En 1686, cette terre appartenait à Antoine Emeri,
puis à Vaudrey, son gendre; plus tard, à Guyard, en
1758, à Berbis de Corcelles. M. Pierre Grasset l'acquit de Mme de Berbis en 1817 et la transmit à son
fils, M. Ernest Grasset, conseiller à la Cour de Dijon, en 1839. Actuellement, le propriétaire en est
M. Thomas, marquis de Panges, adjoint à l'attaché
militaire de l'ambassade de France à Vienne.

Bonnencontre

Autrefois *Vilers* 1182, *Villey-sur-Saône* 1229, *Bonnencontre*, 1391, prit, dit-on, ce dernier nom à la
suite d'une heureuse rencontre qui eut lieu entre
les troupes du duc de Bourgogne et une bande d'E-
corcheurs qui furent exterminés sur place, faisait
partie de la baronnie de Bonnencontre, Magny et
Aubigny, puis de la seigneurie de Broin et Bonnencontre.

Les principaux seigneurs furent Gaspard de Vienne,
puis Gaspard de Saulx-Tavannes, 1509-1573, maréchal de France, l'un des principaux instigateurs de
la Saint-Barthélemy, auteur de *Mémoires* sur cette
époque, puis sa veuve, Françoise de la Baume, et
en dernier lieu, Seguin de Broin.

Cette commune fut affranchie de différents droits
et redevances en 1500, par Anne de Vienne, et en
1766, par Seguin de Broin.

3

Il y avait à Bonnencontre, un château qui avait été bâti par Marguerite de Vienne, en 1430 ; il fut réparé par MM. de Tavannes qui l'ont possédé jusqu'en 1700. Pendant la Ligue, Jean de Saulx-Tavannes, ligueur déterminé, y fait construire quatre tours, cinq courtines et un cavalier avancé avec des fossés. Le côté du midi de ce château fut brûlé par les Croates de Galas en 1636, le devant en 1650, et il n'en reste aujourd'hui aucun vestige.

Bousselange

Fut vendu en 1294, par Philippe de Vienne, sire de Pagny, au duc Robert. En 1428, cette terre appartenait à la famille de Courcelles, qui la posséda jusqu'en 1777.

Elle passa ensuite à la famille de Moyria. Le comte Ferdinand de Moyria donna la terre de Bousselange à sa fille, qui épousa M. Duhamel de Breuil, en 1830. Cette propriété fut ensuite vendue en 1838 à M. de Lavault qui la possédait encore il y a quelques années.

Un certain nombre de membres de la famille de Courcelles sont inhumés dans la chapelle des seigneurs à l'église de Bousselange. Cette chapelle date du xive siècle.

Broin

Autrefois *Bren,* 1200, *Brouyn* ou *Brouin* (Etat civil 1624), puis *Broing* et enfin *Broin,* est situé entre Auvillars et Bonnencontre.

En 1272, la terre de Broin appartenait à deux familles : 1° Odot de Nantou, fils de Milon, qui la tenait de sa femme Aloys, fille de Guy, d'Iseure, et 2° Jehan, fils d'Odot d'Argillé.

En 1346, messire Guillaume d'Antigny, seigneur de Sainte-Croix, approuve un échange fait entre Renaud de Gillans, chevalier, et Jeannotte, fille de maitre Eudes, le changeur de Beaune, et femme de Renaud de Broing, écuyer. Ledit Gillans donne à ladite Jeannotte la maison-forte de Broing, et tout ce qu'il peut avoir en ladite ville de Broing. A la même date, Hugues de Morissant, seigneur d'Auvillars, qui possédait l'autre partie des terres de Broing, les vend pour payer ses dettes montant à 1,260 florins.

En 1348, le duc Eudes cède à Jeanne de Montagu le pré de Broing, appelé « pré de M. le duc de Broing » avec le droit de succéder aux bâtards dans sa terre de Villey.

Plus tard, la seigneurie de Broin passe à Antoine de Moroges, écuyer, puis, en 1666, le possesseur en est messire Louis de Saulx-Tavannes, comte de Saulx, en qualité d'héritier de sa mère, dame Françoise Brulard, veuve de Gaspard de Saulx, comte de Tavannes. En 1686, le propriétaire des terres de Broin et Bonnencontre était Louis de Montsaulnin, chevalier, marquis de Montal, seigneur de Venarey, Menetreux-le-Pitois, Corcelles, Thostes et autres lieux, mestre de camp de cavalerie, époux de Henriette-Marguerite de Saulx-Tavannes.

En 1717, fut fait un dénombrement de la seigneurie de Broin par Philippe de Cronembourg, qui doit avoir repris le fief le 21 juillet 1716, en qualité d'acquéreur, avec sa dame Marguerite Valot, de Mme la marquise de Tavannes.

Vers 1750, la terre passa aux mains d'Edme Seguin, écuyer, secrétaire du Roi, receveur des espices de la Chambre des Comptes de Dijon, acquéreur suivant la délivrance qui lui fut faite par autorité de la Cour, le 5 août 1748, provenant du décret interposé sur l'hoirie de M. de Valcourt, moyennant 90,000 livres. La famille Seguin ajouta à son nom l'épithète de de Broin, et posséda ce domaine jusqu'à l'époque actuelle.

Chamblanc

Que l'on écrivait autrefois *Chamblans, Chamblan* et *Chamblant*, est situé à 2 kilomètres au nord de Seurre.

En 1490, les habitants de Chamblanc étaient les hommes de M. de Balancon. Cette seigneurie fut ensuite possédée par les Sayve, les Jehannin et les Jannon.

M. Jannon, président au Parlement de Bourgogne, dernier seigneur de Chamblanc, y avait bâti un château seigneurial, aujourd'hui détruit.

En 1597, on bâtit au nord de ce village, à l'aide de fonds votés par les Élus de la province de Bourgogne, un fort destiné à arrêter les déprédations du capitaine La Fortune, qui commandait à Seurre.

Chivres

Appartenant autrefois aux Bénédictins de Saint-Bénigne qui y avaient un prieuré, dépendant de celui de Larrey.

Garnier, bâtard de Chivres, homme du prieur de Larrey, ayant quitté ce lieu en 1265 pour passer à Labergement, sous la puissance du duc, vit ses biens saisis par le prieur, fut forcé de revenir et de lui donner 20 sols par an, tant qu'il demeurerait « au meix des doyens de Pouilly. » Plus tard, Aubert, prieur, lui céda un journal dans sa corvée de Méplan. Guillaume de Chivres était châtelain de Brazey et de Saint-Jean-de-Losne.

Corberon

Appelé autrefois *Cor-Beronis*, *Courberon*, *Corboin*, remonte à une haute antiquité, qui se trouve attestée par des trouvailles nombreuses faites sur son territoire : haches en pierre, médailles romaines, poteries avec inscriptions latines, chaines, haches, fers à cheval de l'époque mérovingienne, etc.

En 1287, Corberon comptait 40 feux, et formait commune ; car, sur une plainte des habitants, une sentence du bailli de Dijon condamne les officiers du duc Robert à restituer aux habitants les droits qu'ils leur avaient enlevés.

En 1311, le seigneur de Corberon était Perret d'Argilly, vassal du duc Robert.

En 1350, la terre avait passé à Oudard de Mypont, sire de Corberon, vassal de Philippe de Rouvres.

En 1380, Jean de Mypont était seigneur de Corberon. Sa veuve, qu'il avait faite son héritière, s'étant remariée à Jacques Bouton, la terre et le château passèrent dans cette famille, et y restèrent jusqu'en

1663 ; mais, depuis 1614, les habitants étaient francs de leur personne.

En 1663, Marguerite de Saint-Mauris, petite-fille de Jean Bouton, devient propriétaire de Corberon, et, en 1694, François de Damas, petit-fils de cette dernière, vend le domaine de Corberon, et sa seigneurie de Villy-le-Brûlé à Marc Bourée, écuyer et secrétaire du Roi.

Vers l'an 1780, la terre et le château de Corberon sont de nouveau vendus au marquis de Juigné qui émigra à la Révolution ; ses domaines furent confisqués, puis vendus, ainsi que le château.

Corgengoux

Autrefois *Courgengoul, Courgengoux,* à 3 kilomètres sud de Corberon. Hameaux : *Parruey*, autrefois *Palud, Parrié, Parrué; Mazerotte,* autrefois *Maizerotte* et *Grosbois,* autrefois *Gros-Bos.*

Corgengoux avait jadis deux châteaux féodaux entourés d'eau : l'un à Corgengoux, l'autre au bas de Mazerotte. Ces châteaux sont aujourd'hui détruits ; celui de Mazerotte a été vendu à la Révolution à un M. Bonnet-Carion, pour être démoli. Il ne reste de l'un et de l'autre que quelques dépendances et une partie des pièces d'eau converties en viviers.

C'est à cette existence de deux châteaux-forts qu'est attribuée la division de la commune en hameaux qui se groupaient naturellement aux alentours des forteresses afin d'en obtenir l'appui au besoin. Quant au hameau de Grosbois, situé plus à l'est, à la lisière des bois, il devait comprendre à l'origine, surtout des bûcherons employés à l'exploitation de la forêt.

La terre de Corgengoux appartenait à Simon du Tremblay, qui la vendit en 1317 à Marguerite du Brouillard, d'une ancienne maison de l'Auxois, femme de Hugues de Marisi ; elle appartint ensuite à la famille d'Ugny, à Charles de Saulx-Tavannes, qui la vendit à Antoine de La Tour, seigneur de Villars-Fontaine, puis elle passa à Aimé Galloys, doyen de Saint-Georges de Chalon, et enfin, à la famille de Macheco.

Grosbois, qui dépendait de la seigneurie de Montmain, avait pour seigneur en 1610, Pierre de Tenare, puis passa à la famille Durand d'Aubigny.

Glanon

Autrefois *Glennone*, situé sur la Saône, à 3 kilomètres au sud d'Auvillars, avait pour seigneur le baron d'Auvillars.

Cette terre fut vendue, en 1461, à Jacques Bouton, de Corberon, par Marie Sorel, veuve de Jean d'Estainville.

Ce village doit être fort ancien, car son église fut donnée avec tous ses revenus, en 748, par Pépin, maire du Palais, à l'abbaye de Flavigny, et érigée seulement en succursale par arrêts de 1629 et 1692.

Grosbois-les-Tichey

A 7 kilomètres à l'est de Seurre sur les limites de la Franche-Comté.

Appartenait, en 1490, au seigneur d'Avillers. En 1700, le seigneur était Nicolas Valon de Montmain. La seigneurie a ensuite appartenu à la famille de Moyria, à partir de 1780, et un membre de cette famille, M. le comte Dugon, possède encore cette terre aujourd'hui, et habite le château, entouré d'un parc et situé à l'entrée nord du village.

Jallanges

Doit son existence au *château de Saint-Georges*, bâti par les habitants de Seurre, lorsqu'ils furent forcés d'abandonner le *Vieux Seurre*, situé à 3 kilomètres de Jallanges ; ils s'établirent d'abord à Saint-Georges, puis, vers le xᵉ siècle, s'installèrent au lieu actuel.

Jallanges se confondit donc avec Seurre, ou plutôt Jallanges, qui fait encore partie de la paroisse de Seurre, est ce qui reste des habitations construites autour du château et du fort de Saint-Georges, lorsque la ville actuelle de Seurre abandonna Saint-Georges pour se bâtir dans son emplacement actuel, à un kilomètre au nord.

Aussi, le nom de Jallanges ne parait guère qu'au xvıᵉ siècle ; auparavant, il n'est question que de Saint-Georges ; c'est donc l'histoire de Saint-Georges que je vais esquisser rapidement.

Saint-Georges était autrefois une petite ville, ou plutôt un bourg important, appartenant, dès le xıᵉ siècle, aux comtes de Vienne qui y créèrent un ordre spécial, celui des chevaliers de Saint-Georges, et y bâtirent un château-fort et une église desservie par les Augustins, dès 1340. — Hugues de Vienne, sire de Pagny, possédait Saint-Georges et ses dépendances, en franc aleu, sans y connaître aucun seigneur. — Philippe de Vienne, son fils aîné, reconnait, en 1278, tenir en foi-lige, du duc Robert II, Seurre et ses dépendances, c'est-à-dire Saint-Georges. Marguerite de Vienne porte ensuite cette terre à Rodolphe, marquis d'Hochberg, d'où elle passe aux Rothelin d'Orléans, aux Nemours, aux Mercœur, à Roger de Saint-Larry de Bellegarde, aux princes de Condé, et fut vendue ensuite, par le comte de Lamarche, à Jacques Batailhe de Francès qui la possédait encore à la Révolution. On voit donc, comme je l'ai déjà dit, que l'histoire de Saint-Georges, par ses anciens possesseurs, se confond avec celle de Seurre.

Jallanges, ou plutôt Saint-Georges, fut affranchi par lettres patentes du 20 juin 1487, d'Anselme, marquis d'Hochberg, comte de Neufchatel, seigneur de Rothelin, de Seurre, de Saint-Georges et de Sainte-Croix, maréchal de Bourgogne, affirmées par Jean, seigneur de Baudricourt, lieutenant-général et gouverneur pour le Roi, en ses pays, ses duchés et ses comtés de Bourgogne et confirmées par lettres patentes de Charles VIII, roi de France du 17 juin 1492, moyennant six-vingt treize livres six sols huit deniers tournois.

Saint-Georges a été un certain temps la résidence des comtes de Vienne, et l'un deux, Guillaume de Vienne, chevalier de Saint Georges, y fut inhumé dans l'église des Augustins.

Le bourg de Saint-Georges fut en partie démoli

par le duc de Guise, en 1549, et les matériaux employés à fortifier la ville de Seurre. Ce qui en restait fut brûlé pendant les guerres de la Ligue, en 1597, par le capitaine La Fortune; il ne resta que la chapelle des Augustins. Les religieux rebâtirent leur couvent; mais comme il fut encore détruit pendant les guerres de la Fronde, de 1650 à 1653, à l'époque des sièges de Seurre, ils s'établirent dans la ville où ils bâtirent un nouveau couvent, et Saint-Georges demeura à peu près abandonné.

Aujourd'hui Saint-Georges, qui ne compte que sept ménages, forme une section de la commune de Jallanges qui, bien que touchant au reste du village, n'y jouit pas des mêmes droits que les autres habitants; car elle est privée de l'affouage. Cette particularité semble tenir à un don fait alors que Saint-Georges était encore distinct de Jallanges, par acte du 19 août 1547, passé devant Me Lapostolle, notaire royal, par lequel Claude Saubier, écuyer, seigneur de Saint-Bonnot et de Fontenoy, laisse, à titre de cens perpétuel et annuel aux habitants de Jallanges, 100 arpents de terre et bois moyennant « 15 sols, deux chapons et un oison gras. » Saint-Georges n'a pas dû être compris dans cette donation.

Labergement

Autrefois *Abergement-sur-Saône*, puis *Labergement-le-Duc* et depuis la Révolution *Labergement-les-Seurre*.

Village très important et très étendu, dont les habitations toutes disséminées couvrent le haut de la colline à l'ouest de Seurre.

Cette localité doit être fort ancienne, et avoir eu une importance considérable, puisque le duc Robert II lui accorda des priviléges et des franchises en 1285, et Jean de Larrey la reprit en fief en 1300. Cependant, il est à croire que, par suite des guerres, des ravages et des déprédations commises, peut-être aussi à la suite de quelque fléau, la plus grande partie de la population disparut; car on lit dans Courtépée que le village ne comptait plus que 38 habitants en 1566. D'après le même auteur, une truie y fut pendue en 1419 « pour avoir mangé un enfant au bersot. »

La terre de Labergement, qui dépendait de la chatellenié d'Argilly, et était le siége d'une prévôté royale, fut vendue par le roi au duc de Bellegarde en 1625, moyennant 8,800 livres. Après la mort du duc, la terre revint à nouveau au roi qui l'échangea en 1767, au prince de Bourbon-Conti, comte de Lamarche, lequel la vendit en 1769 à messire Louis de Beaumont du Repaire, moyennant la somme de 91,200 livres.

Ce fut son dernier seigneur; il possédait encore Labergement à l'époque de la Révolution, qui fit de ce bourg un chef-lieu de canton. Ce n'est qu'en 1802 que Labergement fut réuni au canton de Seurre.

Labergement est en général considéré comme ayant été le berceau de la famille Bossuet avant son installation à Seurre. Un étang situé sur son territoire porte encore le nom d'*Etang Bossuet*.

Labruyère

Ou *La Bruyère*, faisait autrefois avec Le Châtelet partie de la terre de Pagny ; aussi, il n'y a rien de spécial concernant cette localité ; tout ce qui peut l'intéresser, se trouvera à l'article Pagny-le-Château.

Un château fortifié entouré de fossés, dont on voit encore les restes, existait à l'entrée sud du village.

Le Châtelet

Faisait comme Labruyère partie de la terre de Pagny.

Cette commune tire son nom d'un petit château que les sires de Pagny firent construire au milieu de leurs terres, et autour duquel se groupèrent les habitations de leurs retrayants ou tenanciers. Plus tard, le château disparut, et les habitations se groupèrent sur le bord de la rivière : ce fut l'origine du village actuel. De nombreux objets antiques ont été trouvés sur l'emplacement présumé de l'ancien village.

Lanthes

Ou Lanthe, comprenant le village proprement dit, et un hameau important *Le Meix*, est situé à 4 kilomètres à l'est de Seurre.

Les documents concernant son histoire font défaut. Courtépée dit qu'en 1490 ce village ne comprenait que 6 feux. A cette époque, les habitants de

Lanthes étaient les hommes de messires de Rey, et de Feneul, frères ; en 1760, le seigneur en était M. de Grosbois.

Montmain

Autrefois *Montmoyen*, *Montmahein*, *Montmain*, village situé au milieu des bois, était le siége d'une seigneurie, et même d'une baronnie qui comprenait la plus grande partie du territoire. Cette seigneurie, comme celle de Pagny d'ailleurs, a maintenu intact à peu près tout son domaine, et la grande majorité du territoire de ces deux communes appartient encore à un seul propriétaire.

La terre de Grosbois, commune de Corgengoux, faisait partie de la seigneurie de Montmain.

En 1398, la terre de Montmain appartenait à Jean de Lugney, le jeune, seigneur de Momoyen, de Maizerotte et de Monetoy, décédé le 23 décembre 1398, et dont la pierre tombale très bien conservée est encore dans l'église ; en 1577, Montmain appartenait à messire Humbert de Tenare, chevalier de l'ordre du roi, gentilhomme de sa chambre, baron de Montmain et de Grosbois. Le château, démoli en 1865, avait été bâti au xvie siècle, par deux membres de cette famille, Charles et Jehan de Tenare.

Montmain passa de la famille de Tenare à Claude-Bernard Valon, vers 1692, puis à son fils Marc-Antoine Valon qui laissa pour héritier le marquis de Ricard de Courgis, lequel la vendit vers 1750, moyennant 350,000 livres, à M. d'Aubigny, ministre plénipotentiaire du roi en Allemagne d'abord (1764), puis à la cour de Liége (1768), lequel avait épousé dame Catherine-Gabrielle de Raymond de Lagrange. A la Révolution, la terre appartenait à Michel-Théodore Rémond de Lagrange, qui avait épousé, à Marmande (Lot-et-Garonne), dame Marie-Magdeleine Mouret de Saint-Firmin. Il est à supposer que ce seigneur n'émigra pas à la Terreur, ou du moins que ses biens ne furent pas confisqués ; car de son mariage naquit à Montmain, le 4 prairial an V, une fille nommée Jacques-Marie-Victoire-Hyacinthe. L'an VII, le 10 nivôse, naît une seconde fille, Françoise. Dans l'acte de naissance, au nom du père, Michel-Théodore *Rémond-Lagrange* est ajoutée la dénomination de *pensionnaire*.

En 1825, le domaine de Montmain appartient à M. Gauthier Hers-Marc ; il passe en 1838 à la famille Léjéas de Dijon, et enfin il est vendu, en 1864, à M. Henri Grangier, de Vougeot, qui le possède encore actuellement.

Pagny-le-Château

Autrefois *Paniacum, Paygny, Paingné.* En 1489, le terrier donne le nom de *Paygney-le-Château*, en 1790, c'est *Pagny-le-Château*, en 1792, *Pagny-la-Chapelle*, en 1793, *Pagny-l'Egalité*, nom que cette localité conserve jusqu'à la Restauration où elle reprend son ancien nom de Pagny-le-Château.

Cette commune tire son nom d'un château-fort, qui existait dès le x⁰ siècle, flanqué de tours armées de créneaux, et environné de larges fossés qu'alimentait la rivière de Saône par des canaux souterrains qui existent encore en partie, bien que le château, qui eut à subir de longs et rudes sièges, fût détruit par un incendie depuis 1787.

Au xvi' siècle, ce château avait été embelli ; une partie en fut reconstruite et décorée avec magnificence par l'amiral Chabot, qui fit venir les artistes les plus distingués. L'or et les marbres précieux furent prodigués, et le château de Pagny devint une des plus somptueuses habitations qui virent expirer le moyen âge; Charles IX y passa plusieurs jours au mois de mai 1564. Le vicomte de Tavannes y resta six mois prisonnier, et le duc d'Harcourt en fit le rendez-vous des mécontents du gouvernement d'Epernon, durant le temps qu'il y fut relégué.

Pendant le xvii' siècle, le château eut beaucoup à souffrir des guerres de la Fronde. Il fut pris et pillé à plusieurs reprises.

Le roi Louis XIV passa quelques jours au château de Pagny avant le siège de Dôle. Il fit emmener à Dôle la fameuse bombarde de Pagny, qui lançait des pierres de 8 à 900 livres.

Les ruines du château de Pagny ne disparurent qu'à la Révolution. Ces riches matériaux, parmi lesquels on voyait des marches d'escaliers en marbre blanc massif, furent vendus à vil prix par ordre du duc de La Vallière.

Une énorme tour, qui portait le nom de Tour de Vienne, survécut encore quelque temps à ces destructions. On aura une idée de ces antiques constructions, quand on saura qu'un artisan avait établi sa demeure dans la seule épaisseur des murs de cette tour.

Dans les bois particuliers, du côté de Franxault,

en un lieu appelé *La Motte*, a existé autrefois un château près de la fontaine des Princes. Il est facile d'y reconnaître l'emplacement d'une vaste construction. Une croyance populaire, qui ne reposait d'ailleurs sur rien de certain, faisait communiquer ce château avec la maison-forte de Pagny, par des souterrains de plus de 3 kilomètres de longueur.

Pagny, d'après Courtépée, date d'une haute antiquité. Il aurait été cédé par Adalsinde, abbesse de Batam, au patrice Valdalène, vers 662.

La terre de Pagny comprenait autrefois trois parties : 1º Pagny-l'Eglise ou la Ville, le château et ses dépendances, autrefois nommé *Le Brûlé* ; 2º Le Châtelet ; 3º Labruyère. Le petit hameau de Champenâtre a toujours fait partie du domaine, mais les fermes de Tontenant n'ont été réunies à la seigneurie, par suite d'achat, qu'en 1530 : elles appartenaient à l'abbaye de Cîteaux.

Par suite de l'importance du château-fort, de l'étendue du domaine, de la puissance des seigneurs et barons qui possédaient cette terre, la seigneurie de Pagny joua un grand rôle dans l'histoire de cette époque ; il est donc intéressant de connaître quels en furent les principaux possesseurs. Pour cela, je ne saurais faire mieux que de transcrire littéralement ce que nous en dit M. Baudot, secrétaire de la Commission départementale des Antiquités de la Côte-d'Or, propriétaire à Pagny, dans une notice très détaillée et contenant de précieuses indications, datée du 4 juin 1835.

« La baronnie de Pagny, dit-il, était un des grands fiefs du duché de Bourgogne.

« On trouve dans l'inventaire des chartes du Roi, qui contient celles de Bourgogne, la preuve que, vers la fin du XIIe siècle, la maison de Vienne était en possession de la terre de Pagny.

« Philippe, seigneur d'Antigny, qui vivait en 1180, était seigneur de Pagny et de Sainte-Croix. Il eut deux fils, Hugues et Guillaume, qui furent tous deux seigneurs de Pagny ; Guillaume, le second, fut le favori d'Eudes, duc de Bourgogne. Ce prince s'étant emparé, en 1197, de tous les biens que les seigneurs de Vergy possédaient au delà de la Saône, les donna à Guillaume, à l'exception de ceux que possédait la maison de Cîteaux. Cette charte est de l'an 1203.

« Hugues, IIe du nom, succéda à son père en 1222. Son petit-fils, Hugues IVe du nom, entra en possession de la terre de Pagny. Il prit le titre de comte de Vienne. Il fut un des chevaliers les plus renommés par sa vaillance. Aussi, quand le roi Louis IX songea à se croiser contre les infidèles, voulant s'entourer de guerriers éprouvés, il fit contracter à Hugues de Vienne l'engagement de le suivre, et pour le lier d'une manière irrévocable, il lui fit accepter une somme de deux mille livres. Hugues IV se distingua dans la guerre du duc de Bourgogne avec le duc de Savoie.

« Philippe de Vienne, son fils aîné, devint après lui seigneur de Pagny. Il se ressentit du zèle religieux que le règne de saint Louis avait contribué à répandre parmi les nobles. Il est considéré comme le fondateur de la Chapelle de Pagny. C'est à ce même seigneur que la ville de Seurre et ses habitants durent leur affranchissement. Comme Philippe tenait cette ville en fief du duc de Bourgogne, il fut obligé de lui céder en compensation, afin d'obtenir son consentement, le fief de Villey-sur-Saône (Bonnencontre) et ses dépendances. L'acte contenant cet accord est de 1278.

« Philippe de Vienne eut de grands démêlés avec le duc de Bourgogne, à cause de l'inexécution de la vente qu'il lui avait faite de plusieurs châteaux qu'il refusait de livrer. Le duc lui reprochait aussi de recevoir dans sa terre de Pagny et à Seurre des brigands qui ravageaient le pays qui lui était soumis. Philippe, pour annuler la vente et apaiser le duc Robert, fut obligé de lui faire hommage-lige de la plupart des biens qu'il possédait auparavant en franc-aleu. C'est ainsi que les seigneurs de Pagny perdirent la mouvance d'immenses propriétés, parmi lesquelles était compris le domaine de Pagny.

« Son fils aîné, Jean de Vienne, affranchit plusieurs de ses vassaux. Il fut enterré à l'abbaye de Belleveaux en 1340. Philippe, l'aîné de ses six enfants, mourut en 1352. Hugues, VIᵉ du nom, fils de Philippe, succéda à son père dans la propriété de Pagny. Il fut vaillant guerrier et bon diplomate. En 1356, il fut chargé par la reine de négocier avec le duc de Savoie, qui voulait profiter de la captivité du roi pour reprendre en Bourgogne les propriétés qu'y avaient possédées ses ancêtres. Hugues combattit vaillamment contre les Anglais; il fut battu avec les Bourguignons à la journée de Brion, et mourut en 1384.

« Jean de Vienne, son fils aîné, surnommé la Longue Barbe, lui succéda et posséda la terre de Pagny pendant un demi-siècle. Il fit la campagne de Flandre pendant la minorité de Charles VI, et accompagnait le prince dans son expédition qui ne dépassa pas la forêt du Mans. Quelques années après, des troubles ayant éclaté dans la capitale, le duc de Bourgogne fit venir à Paris des compagnies commandées par les seigneurs sur lesquels il comptait le plus. Jean de Vienne fut du nombre; il eut part aux largesses que le duc distribua à ses seigneurs après le rétablissement de la paix. Il reçut cent marcs d'or et quatre cents marcs de vaisselle d'argent, partie blanche, partie dorée, ainsi qu'on le voit par le compte du receveur général Jean de Noident.

« Jean de Vienne fut un des conseillers de la duchesse de Bourgogne pendant les absences du duc, retenu à Paris pour le gouvernement de la France. Quand la duchesse alla rejoindre son mari à Paris, elle voulut être accompagnée des seigneurs et dames de Pagny (1411). Il mourut sans enfants en 1435, et fut enterré dans la chapelle de Pagny, où on voit encore son tombeau. Sa femme, Henriette de Longwy, était morte en 1427.

« La terre de Pagny passa alors dans la maison de Longwy.

« Jean de Longwy et Jeanne de Vienne firent ériger à la mémoire de leur grand-oncle, Jean de Vienne, dans la chapelle de Pagny, le mausolée que l'on y voit encore. Ils ont, eux aussi, dans le chœur de la chapelle, un superbe tombeau.

« Jean de Longwy, IV° du nom, seigneur de Pagny, épousa Jeanne, bâtarde d'Angoulême, fille

naturelle de Charles d'Orléans, comte d'Angoulême.
Elle était sœur naturelle de François I", qui fit don
aux époux du comté de Bar-sur-Seine. Ils mouru-
rent sans enfant mâle, et la baronnie passa dans la
maison des Chabot par le mariage de leur fille ainée
avec Philippe Chabot, comte de Charny et Buzançois,
seigneur de Brion, amiral de France, chevalier des
ordres de Saint-Michel et de la Jarretière, gouverneur de Bourgogne et de Normandie.

« Philippe qui avait été l'ami d'enfance de François I" auprès de qui il avait été placé comme enfant d'honneur, fut comblé de dignités par son souve-
rain. Sa fidélité et son dévouement ne se démen-
tirent pas quand vint la disgrâce. Il contribua, en
1523, à la défense de Marseille contre l'armée de
Charles-Quint. Il lutta vaillamment à la bataille de
Pavie qui fut livrée malgré ses instances et fut emmené en captivité avec le roi. Il fut plus tard ambas-
sadeur en Angleterre, puis revint pour entreprendre
une expédition dans le Piémont Il fut ensuite abandonné du roi et accusé de vingt-cinq crimes capi-
taux. Condamné à une amende de 1,500,000 livres
tournois, et au bannissement, François I" lui fit
grâce, et le rétablit dans ses honneurs et dignités.

« Une nouvelle disgrâce, les peines qu'il avait
éprouvées en prison, hâtèrent sa fin : il mourut
en 1543.

« Ce prince aimait les arts : il fit exécuter à Pagny
d'immenses travaux. Une légende a conservé jusqu'à
notre temps le souvenir de l'amiral Chabot dans la
mémoire des paysans.

« Léonor Chabot, l'aîné de ses fils, lui succéda

dans la seigneurie de Pagny. Le roi Henri II, auquel il avait rendu des services, le nomma lieutenant-général au gouvernement de Bourgogne. Il occupait ces fonctions au moment du trop fameux massacre de la Saint-Barthélemy, dont il préserva la province sur les conseils de Pierre Jeannin, ainsi que le rappelle une inscription tracée sur les murs de la chapelle de Pagny. Il mourut en 1597.

« Sa fille, Marguerite, épousa Charles de Lorraine, Ier du nom, qui devint seigneur de Pagny. Accusé d'avoir participé aux projets du duc de Guise, il fut enfermé de 1588 à 1594. Il se distingua à la bataille de Fontaine-Française, et mourut en 1605.

« Charles de Lorraine, IIe du nom, son fils aîné, fut seigneur de Pagny, pair de France, gouverneur de Picardie, duc d'Elbeuf, etc. Il représenta le comte de Flandre au sacre de Louis XIII. Il épousa Catherine-Henriette, légitimée de France, fille de Henri IV et de Gabrielle d'Estrées.

« Marie-Marguerite, leur dernière fille, hérita de la terre de Pagny, qui, en 1675, fut vendue par autorité de justice à Louis, comte de Vermandois. Ce prince la légua à sa sœur la princesse de Conti, fille naturelle de Louis XIV, qui elle-même la transmit à la petite-fille de son cousin-germain, Mme Adrienne-Emilie-Félicité de la Baume-le-Blanc de La Vallière, femme de Louis Gauchet, duc de Châtillon, pair de France, etc.

« Cette dame était, dit-on, aimée des pauvres, à cause de ses abondantes aumônes. Elle mourut à Paris, le 16 mai 1812, laissant sa terre de Pagny à sa fille, Mme la duchesse d'Uzès, dont le gendre, M. le

marquis de Galard, est encore actuellement le propriétaire de la Seigneurie. »

Pagny-la-Ville

Appelé aussi autrefois *Paigny, Paingné, Pagny-
l'Église*, et sous la Ire République *Pagny-le-Peuple*,
faisait, comme Le Châtelet et Labruyère, partie de
la baronnie de Pagny.

Il n'y a donc rien de spécial à dire sur cette localité, dont l'histoire se confond avec l'histoire de Pagny-le-Château.

Pouilly-sur-Saône

Autrefois *Pulliacum* (918), *Poilley-sur-Saône*
(1278) doit remonter à une époque fort ancienne,
probablement à l'époque gallo-romaine ; car il se
trouve situé à l'endroit même où la voie romaine du
Chemeneau débouchait dans la vallée souvent inon-
dée de la Saône et se joignait à la chaussée encore
existante ; d'autre part, en démolissant, en 1768, l'ancienne chapelle de Saint-Jean-Baptiste-des-Eaux,
placée sur un tertre élevé, et en nivelant le terrain,
on découvrit plus de 50 tombeaux en pierre, avec
leurs couvercles, des ossements, etc. On voit encore
dans certaines maisons de Pouilly, quelques-uns de
ces tombeaux convertis en auges, et servant à abreu-
ver le bétail.

Dès le IXe siècle, il existait un château-fort à
Pouilly, et les ducs de Bourgogne recherchaient ce
séjour où la proximité de la Saône et les bois voisins,
alors fort étendus, leur procuraient le plaisir de la

pêche et de la chasse. Le pieux Henri Ier, duc de Bourgogne, y mourut en 1002.

Le domaine de Pouilly passa en 1250 à la maison de Vienne par le mariage d'Alix avec Hugues de Vienne, sire de Pagny, et fut successivement possédé ensuite par Girard de Pouilly, damoiseau, fils de Hugues, bienfaiteur de l'abbaye de Tart, en 1284, Guillaume de Germoles, seigneur, en 1374, Jean d'Estainville, qui obtint de Philippe le Bon, duc de Bourgogne en 1460, l'établissement de deux foires à Pouilly, Charles d'Estainville, en 1486, Magdeleine de Mypont, veuve de J. Jacquelin, dame de la Berchère, tutrice de Charles Legoux, baronne en 1529.

La terre de Pouilly fut vendue par les Legoux de la Berchère dans la seconde moitié du XVIIe siècle, à M. Gagne, dont le fils Jean-Baptiste Gagne, conseiller honoraire au Parlement, devenu seigneur et baron de Pouilly, fit bâtir le château actuel avec la terrasse dont la Saône baigne les murs. Au milieu de la muraille en moëllons longeant la Saône, sont encore sculptées les armes des anciens seigneurs de Pouilly.

Tichey

Autrefois *Tiche* était le siège d'une chatellenie faisant partie de la seigneurie de Chaussin (Jura). Philippe de Vienne, baron de Pagny, possédait cette terre et en fit hommage au duc Philippe en 1294.

Le marquisat de Chaussin, bien que situé en Franche-Comté, appartenait néanmoins au duché de Bourgogne et formait, pour ainsi dire, une ile au milieu de ce pays, soumis à l'empereur d'Allemagne.

D'après les privilèges qui leur étaient octroyés, les habitants du marquisat pouvaient « franchement « et librement trafiquer avec ceux de Comté, et ceux « de Comté avec eux, notamment le blé, le vin, le « sel, le tabac, le fer, et toutes autres denrées ou « marchandises, sans payer aucune imposition ou « gabelle. » Les habitants jouissaient des mêmes privilèges que ceux du duché de Bourgogne.

A l'époque de la Révolution, le seigneur de Tichey était Claude de la Folie de Lorcy.

Trugny

Annexe de Saint-Georges et par suite de Seurre, n'a pas d'histoire spéciale. — Voir Jallanges et Seurre.

Telle est, du moins dans ses grandes lignes, l'histoire locale de chacune des communes du canton de Seurre, d'après les souvenirs ou les documents qui nous sont parvenus sur la période féodale et jus- qu'à la Révolution. On le voit, cette histoire se réduit à peu de chose : le nom des anciens seigneurs con- servé dans les familles nobles, toujours fières de leur généalogie, et c'est à peu près tout. A une époque où les chroniqueurs étaient rares, on conçoit qu'il ne s'en soit pas trouvé pour nous garder le sou- venir de faits peut-être intéressants pour la région, mais d'un intérêt bien secondaire eu égard aux grands événements qui les frappaient, et qui offraient un champ plus vaste à leurs récits et à leurs souvenirs.

Seules, l'histoire de Seurre, ville affranchie dès le xiiie siècle et vivant de sa vie propre, sous forme de commune, celle de Pagny-le-Château, siège d'une baronnie célèbre, présentent quelque intérêt. L'histoire spéciale de Seurre faisant l'objet d'une monographie distincte, je me suis contenté d'en résumer en quelques mots les principaux points, de façon à en présenter un simple tableau, analogue à celui des autres localités du canton.

REDEVANCES ET CORVÉES

Droits féodaux

Pendant toute la période féodale, les populations, groupées autour des châteaux ou manoirs féodaux, furent pressurées, exploitées par les seigneurs ou leurs agents. Des chartes de franchises furent données à quelques localités, mais à part celle de la ville de Seurre qui, je le répète, en vertu de sa puissance et de ses fortifications, sut se gouverner elle-même, et d'une façon à peu près indépendante, ces chartes ne sont guère que des parchemins, relatant bien moins les libertés concédées aux manants que les redevances qu'il y avait lieu de leur réclamer.

Les plus remarquables et les plus complètes sont : celle de Pagny-le-Château dont les dispositions principales sont reproduites dans un terrier de 1489, donnant des indications précises sur la justice seigneuriale, ainsi que sur les impôts, corvées et droits féodaux, et celle de Tichey qui se trouve reproduite dans les *Annales de Chaussin*, par le docteur Briot et qui contient des dispositions analogues.

Ces deux documents présentant un réel intérêt et des indications assez rares à trouver, je donne copie des principales dispositions.

1° REDEVANCES DUES A LEUR SEIGNEUR PAR LES HABITANTS DE PAGNY-LE-CHATEAU

Un terrier de 1489, de la seigneurie de Pagny-le-Château, présente des renseignements assez curieux sur la situation des tenanciers de ladite seigneurie, sur les redevances auxquelles ils étaient sujets et sur les droits des seigneurs dans ladite seigneurie.

« En ce terrier, est-il dit, sont contenus les rentes, censes et autres choses, dues chacun an à noble et puissant seigneur, messire Girard de Longwy, chevalier, seigneur de Gevry, de Paigney et de Vignant, en ses terres et seigneuries. »

De la justice

« Aux dits lieux de Paigney-le-Chasteau, Paigney-la-Ville, Le Chastellet, Montaigney, Clux et Franxault, audit seigneur compète et appartient la toutelle Justice, haulte, moyenne et basse, mère, mixte et impère, sans moyen, et en, et partout lesdits lieux, finaiges et territoires d'iceulx lieux.

Item a ledit seigneur, à cause de ses dites terres et seigneuries des dits lieux, l'auctorité et puissance de commettre et institue, establi et ordonne esdits lieux toutes manières de officiers, comme : baillis, capitaines, chastellains, gruyers, prévost, sergens et tous aultres officiers, tels que bon lui semble.

Item et lesdits baillis et chastellains, institués par ledit seigneur, comme dit est, esdits lieux où leurs lieutenants ont en leur juridiction, l'auctorité, congnoissance et détermination de tous cas, tant civils, criminels, que aultres quelconques, quels qu'ils soient, commis et perpétrés en la justice du dit seigneur, et les amendes adjugés ou marciés (taxés) en ladite justice, sont et appartiennent audit seigneur, soient arbitraires ou autres.

Item a ledit seigneur, en sa dite terre de Paigney, le signe patibulaire de haulte justice eslevé à quatre piliers assis au lieudit de Damphilley.

Item a mondit seigneur en toutes ses terres dessus dites, toutes épaves et confiscations, toutes et quantes fois qu'elles y surviengnent.

Ainsi l'ont vérifié : Perrin, Berthelon, Regnant, Mailley, Andrey, Cotignot, Guillaume Bœuf, Jehan Prévost, fils de Henri Prévost, de Comine, tous de Paigney, le 3ᵉ jour de l'an, 1490, signé : Forrey. »

—

Courvées (Corvées)

« Aux lieux de Paigney-la-Ville et Paigney-le-Chasteau, compètent et appartiennent audit seigneur, les courvées sur les hommes et habitants desdits lieux, et à la bonne volonté du seigneur, toutes et quantes fois que bon lui semble, et selon la forme et teneur d'une sentance obtenue au profit dudit seigneur, desdites courvées contre les habitants en la souveraine cour du parlement.

La Prévôté

« Auxdits lieux de Paigney-la-Ville et Paigney-le-Chasteau, compète audit seigneur la prévôté qu'il amodie chacun an au profit dudit seigneur, le lendemain de Noël avec les aultres fermes et amodiations ci-après déclarées qui se paient à deux termes ; c'est assavoir la moitié au jour de fête : Nativité Saint-Jean-Baptiste, et l'autre moitié au jour de fête : Nativité Notre Seigneur, ledit an fini et inclux.

Et, est assavoir que ledit prévost, à cause de sa dite ferme et amodiation et durant icelle, ledit seigneur, et tant lui que ses prédécesseurs ont accoustumé de bailler et laissier audit prévost le povoir, auctorité, puissance et faculté de ouïr et congnoistre de tous adjournements qui seront faits par ledit prévost et aussi de tous cas, soit criminels ou civils qui peuvent parvenir en ladite terre et seigneurie desdits Paigney, jusques à l'exécution faire, qui est réservée au chastellain dudit Paigney, quand le cas y affiert, et y prant, ledit prévost pour amende, soixante sols, et moyennant que icelui prévost est tenu et est chargé de conduire lesdites causes de crimes à ses missions et dépens, ensemble la sentence desdits crimineulx pour faire mettre icelles sentences dudit prévost à exécution, selon le contenu d'icelles, et le tout aux dépens et charges dudit prévost, fermier.

Item quant y a négation ou preuves, ou serrement de parties, et il convienct jurer, ledit prévost, en ce cas, prend pour son amende de icelluy qui a tort la somme de 7 sols estevenants.

Item a ledit prévost le droit de prendre pour son amende 60 sols sur tous ceux qui passent bornes sur héritages d'autrui, et dont plainte en est faite, et semblablement qui passent bornes sur *communaulx*, ledit prévost y a et prend 60 sols, si bon lui semble.

Item tous sang que l'on fait par bature ou aultre mutulation par toute la terre et justice des seigneurs, et plainte en est faite, et ledit sang, soit de peau rompue procédant, ledit prévost y a soixante sols d'amende.

Item de toutes causes, meuvans, venans et procédans des rentes censes et aultres choses dues à mondit seigneur de Paigney, ledit prévost n'y a point de congnoissance, mais en compète et appartient la congnoissance au chastellain dudit Paigney, et non aultre.

Item a ledit prévost coustume de tenir ses jours chacun samedi de l'an, s'il n'y chiet fête solennelle, et après le son de la cloiche de midi sonnée audit Paigney, ou il les met à un aultre jour suigvant, si bon lui semble. »

Du portal de Paigney

Les seigneurs amodiaient le portal et le passaige de Paigney-la-Ville. Voici le tarif suivant lequel les droits étaient perçus.

« 1° Pour chaque mouton ou brebis, un denier tournois, sans y comprendre le passage du berger, lequel doit un denier tournois, dite monnaie ;

2° Pour un homme à cheval, cinq deniers tournois ;

3° Pour un homme à pied, un denier tournois pour chacune fois qui passera ou repassera, jours mêmes ou aultres ;

4° Pour un cent de brebis de Paigney-le-Chasteau qui voudront champoyer oultre la rivière de Saône, lesdites brebis doivent par cent, dix sols tournois chacun an, sans quoi l'amodiataire et ses gens ne seront pas tenus de les passer, mais seulément de leur donner le bateau ;

5° Pour chaque char ou charrette des deux Paigney, chaque année, deux sols viennois, ne passassent que une fois l'an, et ne leur doit que le bateau, sans que le pontenier soit tenu en rien de les passer ;

6° Pour un char étranger, ferré ou non ferré, deux petits blancs (dix deniers), et pour une charrette, un petit blanc. »

Les Poiz

« A mondit seigneur compète et appartient les poiz à peser tous légumes et aultres marchandises qu'il convient de peser en la terre et seigneurie, par l'amodiation desdits poiz, et prend ledit fermier, par chaque *pierre* de légumes pesée audit poids, demy-blanc pour pierre, et se ledit poids passe demypierre, il doit autant que se la pierre y est tout entière.

Des mesures

« A mondit seigneur, compète et appartient le droit de *esgandiller* (vérifier), et marquer toutes mesures, tant boisseaux à mesurer grains que pintes, pintas, et aultres à vendre vin ou aultre chose, et n'est loisible aux habitants *desdites villes* de Paigney, avoir, ne tenir en leurs hôtels, quelques mesures que ce soit, si elles ne sont signées et marquées à la marque de mondit seigneur, et les aulnes et aultres choses adjustées, afin d'éviter les fraudes que se y pourraient faire.

Banvin

« Item aussi les habitants desdites villes (les deux Paigney) ne peuvent et ne doivent *vendre vin sans licence* de mondit seigneur ou de ses officiers principaux, comme chastellains ou lieutenants, et que les mesures ne soient esgandilliez et adjustées, comme dit est, sous peine d'amende.

Pêche

« Le fermier et amodiataire des *estaiches* de la rivière de Saône, a le droit, auctorité, faculté et puissance durant le temps de sa ferme, deffendre à tous pescheurs, peschant en la rivière de Saône, desdits lieux de Paigney-le-Chasteau, Paigney-la-Ville, le Chastelet et Bonnencontre, et à tous aultres, de quelque manière que ce soit, que trois jours avant que ledit fermier veuille pescher et faire ses estaiches, qu'ils ne soient si osés, ni si hardis de pêcher, sinon à menus engins à pied dans ladite rivière de Saône, tant en la *vieille rivière de Saône*, là où premièrement et anciennement ladite rivière avait son cours, comme *audit cours nouveau* d'icelle, jusqu'à ce que ledit fermier ait fait ses coups ou escousses. Les délinquants, transgresseurs et infracteurs desdits commandements sont amendables envers mondit seigneur en l'amende de soixante-cinq sols estevenants.

Le prez Dehée

Nom d'un pré situé sur Pagny-la-Ville. Les habitants des deux communes étaient tenus de faucher, faner, charger et charroyer de corvée, tout le pré Dehée, pour la provision de mondit seigneur, oultre et par-dessus aultres corvées dehues chacun an à mondit seigneur par les habitants desdits Paigney, et auxquelles courvées faire, lesdits habitants desdites villes ont été condempnés par arrêt du parlement.

Les Charrues des dits Paigney

« Par chacune charrue de Paigney-la-Ville et de Paigney-le-Chasteau, soit qu'ils soient deux ou trois personniers à une charrue, ou qu'il n'y ait point de personnier, chacune charrue doit chacun an à mondit seigneur, le jour de feste de nativité de Saint-Jehan-Baptiste, la somme de dix-neuf deniers et une obole estevenants.

Drapperie

« Tous ceux qui font draps (toile) auxdits Paigney-la-Ville et Paigney-le-Chasteau, doivent chacun an, pour un drap entier, au terme de feste de Saint-Michel Archange, à mondit seigneur, cinq sols estevenant, et pour la façon d'un demi-drap audit terme, deux sols et demi, estevenant.

Des Scelz aux Contraulx

« Les scelz aux contraux desdits seigneurs s'amodient chacun an au prouffit de mondit seigneur, pour sceller toutes manières de lettres reçues et passées en toute la terre, justice et seigneurie de mondit seigneur, comme de tous tems et ancienneté, mondit seigneur et ses prédécesseurs en ont accoutumé de sceller auxdits contraulx.

Des petits fours à cuire pain blanc ou miches à vendre

« A mondit seigneur, compétent et appartiengnent les fours à cuire pain blanc ou miches à vendre, et n'est loisible à personne quelconque des dits lieux de Paigney de faire ne cuire pain, ne faire fours à cuire pain à vendre, sans la licence de mondit seigneur, à peine de l'amende de soixante-cinq sols estevenants.

Dismes de Paigney

« Les dismes de Paigney-la-Ville et de Paigney-le-Chasteau compétent et appartiennent à mondit sei-

gneur, et se amodient chacun an à son prouffit, si
bon lui semble, et à cause des dites dismes, et pour
iceulx dismes, lui est dehu chacun an de chacun
journal de terre des finaige et territoires des dits
lieux de Paigney-la-Ville et de Paigney-le-Chasteau,
de quelque graine que ce soit, quatre gerbes le journal, pourvu que les dites graines soient liées en
gerbes, et autrement n'en doivent point de graines
non liées.

Du four des Bordes de Paigney-le-Chastel

« Le four banal des Bordes, assis au village de
Paigney-le-Chastel, appartient à mondit seigneur,
et se amodie comme les aultres fermes chacun an,
et à l'amodiation d'icelui, c'est droit pour le dit seigneur, que tous les habitants de Paigney-le-Chasteau
excepté ceux du bourg du dit Chastel sont tenus de
pourter cuire au dit four tous leurs pains et pastes
levées, sur peinne de l'amende de soixante-cinq sols
estevenants, et a, le dit fermier pour son droit de la
cuite de vingt et ung pains, l'ung, et est tenu le dit
seigneur de fournir et bailler bois à son dit fermier, en
ses bois où bon lui semble, et aussi les dits habitants de
Paigney-le-Chastel, non comprins ceux du dit bourg,
sont tenus par ce moyen tenir, entretenir, édiffier,
maintenir le dit four à leurs propres missions et dépens de toutes choses.

Ces bordes ou fermes isolées du village n'existent
plus aujourd'hui. Dans plusieurs endroits, près du
point où la ligne de chemin de fer coupe la forêt
communale, en particulier, on trouve des traces

d'habitations disparues qui ont fait croire aux habitants de Pagny-le-Château que l'ancien village était construit dans cet endroit, situé sur une voie romaine. Il est plus probable que c'est là l'emplacement de ces Bordes spécifiées au Terrier, et que l'on ne trouve plus aujourd'hui,

Du four bannal du Bourg dudit Paigney-le-Chastel

« Le four bannal du dit Chastel appartient à mondit seigneur, auquel four tous les dits habitants du dit Bourg sont tenus pourter cuire leurs pains et toustes pastes levées, sur peinne de l'amende de soixante-cinq sols estevenants au prouffit de mondit seigneur, et a, le fermier amodiateur, pour son droit, prendre et avoir pour son fornaige, de vingt pains l'ung, et d'autres, comme flans, flannice et aultres semblables, de vingt et quatre l'ung.

Gélines déhues auxdits lieux de Paigney

« Les dits habitants de Paigney-la-Ville et Paigney-le-Chastel tenant feu et lieu, doivent, à cause d'ung chacun feu à mondit seigneur, chacun an, deux gelines (*poules*), l'une à Karesmentrant (*carnaval*) et l'autre à la feste de saint Georges *excepté les francs qui n'en doivent point, et doivent joir et user* de leurs franchises, et croissent et décroissent les dites gelines, aucunes années plus, aucunes années moins.

Pussins (poussins, poulets)

« Les dits habitants des dits Paigney ayant chars et arnoix (harnais) doivent chacun an à mondit seigneur le jour de feste de Nativité de Saint Jehan Baptiste, chacun deux pussins, appelés les pussins des Loyius.

Les *hommes* de mondit seigneur, manans et habitants de Paigney-la-Ville et de Paigney-le-Chastel doivent perpétuellement pour eux et leurs hoirs et successeurs, hommes et habitants desdits lieux, chacun an, la somme de onze-vingt livres estevenants (220) c'est assavoir, la moitié à Karesmentrant, et l'autre moitié à la mioust (mi-août), c'est assavoir, les habitants de Paigney-la-Ville, la moitié de onze-vingts livres et les habitants de Paigney-le-Chastel, l'autre moitié, et par dessus les onze-vingts livres estevenants chacun an, à mondit seigneur, comme dessus est dit, aux termes susdits, cent bichots d'avoine, mesure du dit Paigney, lesquels onze-vingts livres et cents bichots ne croissent, ne décroissent, et les doivent, les dits habitants faire bons, selon leurs lettres d'abonnement. »

Telles étaient dans leurs points principaux les conventions passées entre le seigneur de Pagny et les habitants, ainsi que les principales redevances auxquelles ces derniers étaient assujettis.

2° REDEVANCES DUES A LEUR SEIGNEUR PAR LES HABITANTS DE TICHEY RELEVANT DU MARQUISAT DE CHAUSSIN

ART. 15

La seconde partie formant le dit marquisat (*de Chaussin*), consiste en la terre de Tichey qui s'étend

et compète devers bize à la fin de Saint-Aubin, devers
vent à la fin de Bousselange, devers orient au territoire de Saint-Loup et d'occident au territoire de
Montagny.

ART. 16

. . . .

ART. 17

Lui appartient (au seigneur) la totalité des dixmes
de tout grain qui se lient en gerbes, tels que froment
seigle, avoine, orge, millot, panis, chenove et fèves,
et si aucun des habitants du dit Tichey fait gagnaige
et laboure en autre terre que du dit Tichey, ledit
seigneur a suite du dit dixme pour lequel on a accoutumé payer pour chaque journal quatre gerbes.

ART. 18

Item. Compète et appartient audit seigneur audit
Tichey, proche l'église, une place tenant de tout côté
à des chemins communs, en laquelle il a droit
d'avoir un fourg banal, auquel les habitants sont tenus
cuire leurs pâtes à peine de soixante sols d'amende,
et doivent pour fournage le dix-huitième de la pâte
crue qu'ils veulent cuire.

ART. 19

Item. Lui appartiennent les corvées de charrue
dues chacun an par les habitants qui ont charrue,
c'est à savoir : pour chacune charrue deux corvées
en culture de froment et deux en culture d'avoine
annuellement.

ART. 20

Item. De chaque ouvrier maniant la faulx et gagnant argent à faucher une journée de faulx de corvée annuellement, et apert par les déclarations fournies que tous les manouvriers font les dites corvées à bras.

ART. 21

Item. Les dits habitants doivent au dit seigneur chacun an, au terme de saint Michel-Archange, cinquante bichots d'avoine, mesure dudit Tichey, pareille à celle de Seurre, lesquels cinquante bichots d'avoine ils sont tenus de mener à leurs frais missions et dépens, au port de Saint-Jean-de-Losne, de Chauvort ou à Chaussin, là ou il plait audit seigneur, ses receveurs ou amodiateurs et aussi toutes avoines qu'ils doivent audit seigneur. Doivent en outre les dits habitants et leurs successeurs, habitant audit Tichey, raisonnablement les dépenses des officiers et sergents qui vont recevoir audit Tichey les dites avoines, lesquelles doivent être mesurées au change et au comble, ainsi qu'il est porté au Terrier du dit Marquisat.

ART. 22

Item. Les habitants de Tichey, qui étaient taillables à volonté du seigneur, deux fois l'an ; savoir : Au carême prenant et à la mi-août, lui doivent annuellement pour abonnement de la dite taille, soixante-une livres sept sols estevenants, payables auxdits termes, suivant les lettres patentes de Monseigneur le Duc de Bourgogne données à Dijon, le 25 août 1648, vérifiées à la Cour des Comptes le 3 octobre de la même année.

ART. 23

Item. Les habitants dudit Tichey ne peuvent se servir d'aucune mesure, soit de blé, soit de vin, qu'elle ne soit esgandillée et adjustée par le procureur du dit Chaussin, ou son substitut audit Tichey, et est, la mesure de bled, semblable à celle de Chaussin, et celle-ci, à celle de Seurre, et la mesure de vin semblable à celle dudit Chaussin.

ART. 24

Item. Doivent lesdits habitants de Tichey, de tous les transports de Meix, maisons et héritages, chargés de tailles, censes et rentes envers le dit seigneur, de vingt deniers, un denier pour le droit des lods comme ceux du dit marquisat, et doit l'acheteur révéler son acquisition au seigneur ou à l'amodiateur des dits lods, dans dix jours, à peine de l'amende de soixante sols, et ne peuvent passer les contrats des dits transports, si ce n'est par devant les notaires du dit Chaussin.

ART. 25

Item. Doivent les dits habitants, pour chacun Meix auquel il y a couvée d'oisons, chacun an, un oison là où les couvées du dit temps viennent à perfection, mais si les couvées venaient à perdition, ou que d'une couvée ou plusieurs, n'en demeure en l'année qu'un oison seulement, le receveur ou amodiateur n'en prend aucune chose.

ART. 26

Item. Chacun feu du dit Tichey doit au dit Seigneur, au terme de mi-carême, une geline.

ART. 27

Item. Les habitants de Tichey sont tenus de venir faire guet et garde au château de Chaussin, en temps d'éminent péril, en raison d'un homme pour chaque jour ou nuit.

ART. 28

La Messerie du dit Tichey, en laquelle on met deux Messiers (gardes-champêtres) doit se délivrer chacun an avec les autres délivrances, appartenant au dit seigneur, au plus offrant en avoine, etc.

(*Suit la nomenclature des amendes que pourraient exiger les dits messiers pour chaque méfait ou délit*).

ART. 29

Item. Appartient audit seigneur, le cens annuel d'une poule, un bon denier et un pain de deux deniers faibles payables le lendemain de Noël au Seigneur ou à son commandement, audit lieu de Saint-Loup, et par chaque habitant de ce lieu, à cause du vain parcours à eux accordé sur le territoire de Tichey, par lettre du lundi devant la fête de Purification de Notre-Dame, de l'an 1357. Pour la perception duquel cens les échevins du dit Saint-Loup sont obligés bailler audit seigneur ou à ses fermiers ou receveurs chacun an, un rôle d'eux signé et affirmé contenant le dénombrement des dits habitants, outre quoi les dits habitants de Saint-Loup, en cas de dommage et mésus sont sujets aux peines et amendes, comme les habitants de Tichey.

ART. 30

Item. Lui compète et appartient le cens annuel de dix huit gros valant trente sols, affecté sur un moulin sis au territoire de Tichey, sur le meix auquel est assis le dit Moulin, contenant environ un journal et dépendances payables au terme de carême entrant, ainsi qu'il appert par le terrier de 1604.

ART. 31

Et la troisième partie formant le marquisat consiste aux droits de justice et de ressort au bailliage de Chaussin, par appel des sentences de la chatellenie de Chavanne, appartenant à M. le marquis de Broissia et de Crécy qui ont le domaine et la directe.

ART. 32

Droits de justice

Compète et appartient audit seigneur, la haute, moyenne et basse, et totale justice sur les bourgs, villages, hameaux et terres, de Chaussin, La Villeneuve, Saint-Baraing, etc. . . . .
. . . .
pour l'exercice de laquelle ledit seigneur a droit d'instituer bailly, lieutenant, procureur fiscal, subsitut, greffier, procureur, notaire tabellion, huissier, garde-forestier, valets de pêche, de plaine et de police. Lequel bailli connait de tous cas et entre

toutes sortes de personnes et appellations des sentences dudit bailli ou de son lieutenant se relèvent
nuement à la cour. Les audiences ordinaires du
bailli et lieutenant se tiennent tous les lundis de
chaque semaine en l'auditoire, et en cas de férie,
le lendemain, outre quoi, se tiennent quatre fois l'an,
les assises.

ART. 33

Lui compète pareillement, haute, moyenne et
basse, et totale justice, sur toute la terre de Tichey,
en laquelle il y a un châtelain, procureur d'office,
greffier, sergent et garde, comme audit Chaussin et
les appellations des sentences du châtelain dudit
Tichey ne doivent se relever qu'au bailliage de
Chaussin.

(Dʳ BRIOT, *Les Annales de Chaussin*. — Lons-le-
Saunier, Déclume, 1883).

A part ces deux pièces importantes, les Archives
d'un certain nombre de communes renferment des
documents donnant aussi des détails sur la situation
des habitants à l'égard de leurs seigneurs et les redevances auxquelles ils étaient soumis.

Voici les principaux renseignements recueillis :

Bonnencontre. — Obligation pour les habitants de
faucher, faner, conduire dans les greniers du seigneur, les herbes d'un pré de 74 soitures. — Ven-
danger, couper et conduire le bois de chauffage
lorsque le seigneur et sa famille seraient au château.
En outre, fournir trois poules par habitant.

Bousselange. — A part les lods, cens et redevances ordinaires, tous habitants doivent une poule le jour de la Saint-Martin d'hiver, plus une poule le jour de Carême entrant pour droit de Champoyage dans un pré au seigneur. — En outre dans cette convention en date du 16 avril 1657 entre les habitants et M. Hélie de Courcelle, seigneur de Bousselange, nous trouvons ce qui suit : « Les habitants
« ayant charrue feront trois corvées de trois jours
« de ladite charrue, l'une à la semaille des avoines,
« une autre en rompant les terres pour les semats,
« l'autre pour la semaille des blés, et tous quand ils
« en seront requis. Ils seront nourris par ledit sei-
« gneur pendant ledit temps. Si lesdites corvées ne
« sont pas faites, ou si les habitants ne sont pas re-
« quis de les faire, lesdits habitants paieront audit
« seigneur dix sols pour chacune corvée de charrue
« et chacune corvée de bras cinq sols. Ceux n'ayant
« pas charrue feront trois corvées de bras de trois
« jours ; l'une pour sarcler les blés, une autre en
« moisson des blés, l'autre en moisson des avoines
« et seront également nourris. »

En outre, lesdits habitants de Bousselange devaient audit seigneur lui faucher, faner, amasser, charroïer en sa maison seigneuriale les deux prés de la seigneurie. Enfin le seigneur jouissait de différents droits : Droit d'établir un procureur pour rendre la justice, un greffier, des messiers (gardes-champêtres), — droit d'épave, — droit de confiscation, — droit de ban-vin, c'est-à-dire le droit d'amener et de vendre du vin, lequel droit s'amodiait annuellement; — droit de péage sur les chevaux, vaches et porcs;

les chevaux ferrés payaient vingt deniers, non ferrés dix deniers, les bestiaux non attelés cinq deniers.

A Corgengoux, les habitants de Grosbois étaient également corvéables, et un traité fait à la date du 11 juin 1787 avec le sieur Desvarennes, fermier de la terre et seigneurie dudit lieu, les déchargeait des dites corvées moyennant une redevance annuelle de 35 sols par chaque feu.

A Labergement, en vertu des franchises accordées en 1285 par le duc Robert de Bourgogne, chaque feu était quitte de toute taille, moyennant 15 sols à payer le jour de la fête de Saint-Denis (9 octobre) et ceux qui ne payaient pas ce jour devaient une amende de sept sols. En outre les propriétaires de terres et héritages sis au finage de Labergement devaient payer au duc, en une fois à la Toussaint 40 sols dijonnais pour 18 deniers et 40 quartaux par moitié, blé et avoine, mesure de Saint-Louis. — Le 24 mars 1535, les habitants sont appelés à se réunir pour reconnaître leurs redevances envers leur seigneur qui est maintenant le roi. Par ces franchises les hommes de Labergement devaient une journée chaque année pour l'entretien des prés du seigneur et des chemins. « Ils feront, est-il dit, le foin de nos prés, et l'amè- « neront à leurs dépens, à notre grange. »

A Montmain. Il résulte d'un accord intervenu entre les habitants et leur seigneur que ce dernier avait « tous droits de justice et autres beaux droits et de- « voirs, héritages, fonds, arrière-fonds, domaines, « granges, terres, bois, prés, vignes, possessions, « domaines, émoluments et autres choses qui lui

« sont dues par plusieurs et diverses personnes,
« comme cens, rentes, dixmes, larreys, champs, cul-
« tures, corvées, gelines, mains-mortes et autres droits
« et devoirs anciens. »

Il ressort en effet d'un terrier de la seigneurie qui
est en la possession du propriétaire actuel, que ces
corvées, charges et redevances étaient dues et payées
par chaque propriétaire. En outre, on y voit que le
seigneur possédait quatre péages sis aux lieux de
Bagnot, Argilly, Glanon et Montmain, sur lesquels
péages on avait coutume de prendre pour chacune
bête à pied fendu quatre deniers, pour charrette,
un blanc, pour char, un carolus, pour chevaux et
juments allant en foire ou retournant d'icelles, un
blanc. Les forêts appartenantes au dit seigneur sont
banales ; les habitants n'ont aucun droit d'y faire
paître leur bétail ; pour leur accorder ce droit le
seigneur peut exiger chaque année deux livres de
beurre par vache, une journée de charrue par bœuf
tirant, une couple de poulets par veau d'un an. Le
seigneur, est-il encore dit, jouit depuis un temps im-
mémorial du droit de banvin perpétuel, qu'il est
maître d'amodier à qui il lui plait.

Enfin les habitants de Montmain étaient chargés
des réparations à faire au château de Montmain,
ainsi que cela est établi par un acte du 24 octobre
1695, stipulant ce qu'ils doivent rembourser, avec
ceux de Grosbois, à Mᵐᵉ Philiberte Bourée relicte
(veuve) de Messire Claude-Bernard Valon, dame du
dit Montmain, qui a fait réparer le pont du dit château.

Aux archives de Pouilly-sur-Saône existe aussi la

copie d'un terrier de 1520, renouvelé en 1673, dans laquelle il est dit,`

« Que le baron de Pouilly ayant fait scavoir aux habitants et justiciables d'icelle de fournir leur déclaration par tenants et aboutissants, de ce qu'ils possèdent dans la dite seigneurie, ensemble leurs contrat d'acquisition, échange, partage et autres, en vertu duquel ils en jouissent, et la quittance du paiement des arrérages des cens dus depuis 29 années, pour être ensuite faite en reconnaissance audit seigneur, conformément à l'ancien terrier de la dite baronnie fait en l'année 1520, les dits habitans avaient remontré audit seigneur, que, s'il était procédé aux diverses reconnaissances dans la forme qu'il en désirait, quoique juste et raisonnable, cela leur attirerait de longs et fâcheux procès, et leur causerait de grands frais, d'autant plus que la guerre qu'ils ont souffert à divers temps, à l'occasion de la ville de Seurre, ayant enseveli parmi les ruines de leurs maisons, tous leurs titres et papiers, ils se verraient en état de perdre le peu qui leur restait du débris des dites guerres. »

Cet acte a été passé devant Mᵉ Abraham Gouyer, notaire royal de la ville de Seurre, réservé par sa majesté, entre Charles Legoux de la Berchère, chevalier, baron de Pouilly, aumonier ordinaire de Sa Majesté *placé sur la terrasse de son château ou dans une barque sur la Saône*, et les habitants de Pouilly, *placés en face, sur le finage de Seurre, rive gauche* (textuel). Il spécifie avec détail le montant des cens dus au seigneur par les habitants pour les héritages qu'ils possédaient au finage de Pouilly, moyennant, de la part du seigneur, le département des anciennes redevances et imputations dues sur les meix, maisons, héritages, situés dans ladite baronnie avec réserve expresse des anciennes charges que doivent audit seigneur les habitants dudit Pouilly, comme la poule, la corvée ordinaire, savoir les corvées de charrue, de fenaison et de moisson, au choix dudit seigneur par les mercenaires et manouvriers, le droit de fourg d'un gros valant 20 deniers par chaque feu, tous, lesquels droits et autres mentionnés audit terrier, demeurent en leur force et vigueur. Enfin ce document se terminait en spécifiant que : « sur la supplication qui en a été faite audit seigneur par les habitants et justiciables du dit Pouilly, de leur permettre de vendre vin à nappe mise et table ouverte, aux veilles des foires et fêtes de l'ascension et nativité, de Saint Jean-Baptiste et Saint Antoine, qui sont jours d'apport audit Pouilly, et auquel temps les fermiers de la taverne ne peuvent suffire, à cause de la grande quantité de peuple qui se rencontre ces jours là audit Pouilly, icelui seigneur le leur a permis et accordé pour lesdits jours seulement, en faveur dudit traité c. pour la commodité du public. »

Les habitants de Pouilly n'ont été affranchis de ces corvées et droits féodaux qu'à la Révolution. En outre, ils payaient la dîme à leur curé ainsi qu'aux prêtres familiers de la ville de Seurre. Le curé de Pouilly avait pour lui les 5/6 et les familiers l'autre sixième. D'après un document de 1791, cette dîme se payait ainsi qu'il suit, à Pouilly.

« La dîme de blé, seigle, orge et avoine se payait par la quinzième gerbe perçue aux champs par les

décimateurs, le turqui (maïs) par la quinzième van-
née, c'est-à-dire mesure dans un van, de même perçu
aux champs ; les voisces (vesces) étaient perçues à
la grange, aussi à la quinzième mesure ; les haricots,
pois et fèves se percevaient de la même manière,
mais ces sortes de denrées n'étaient sujettes à la
dime que lorsqu'elles étaient semées seules dans les
champs ayant coutume de les semer à travers les
turquis et les vignes qui, pour lors n'y étaient point
sujettes. La dime des raisins se percevait à la vigne,
et était par la dix-huitième hottée. »

Toutes les localités étaient à peu près sujettes au
paiement de ces dimes, mais le mode de perception
variait : ainsi on voit par les pièces déjà citées
qu'à Tichey et à Pagny-le-Château, la dime se
payait par quatre gerbes au journal. Le plus souvent
le produit en était partagé entre plusieurs ayants
droit. Ainsi, à Bousselange, les deux tiers des dimes
qui existaient sur les fruits qui se liaient à raison de
trois gerbes par journal, appartenaient au seigneur,
l'autre tiers au sieur curé, à la réserve des Meix qui
n'en devaient point, selon transaction du 16 avril
1657. Le terrier de la baronnie de Pagny-le-Chastel,
de 1489 porte : *Dime de la Bruyère.* « Du disme de
La Bruyère, compète et appartient à mondit seigneur
de Paigney, chacun an, de neuf mesures, cinq, et au
curé de Paigney, trois, et au sire de La Bruyère, une
et se amodie chacun an, en la manière accoutumée,
au prouffit de mondit seigneur de Paigney et de ses
personniers. »

Ce qui surprend encore dans l'examen de tous ces
documents, c'est le grand nombre de redevances en

volailles que payaient les paysans à leur Seigneur. Il n'est pas une localité qui ne doive à diverses époques de l'année et pour différents motifs, des poules, poulets, gelines, pussins, oies grasses, etc. Les seigneurs aimaient la bonne chère : aux paysans à la leur fournir gratuitement sous peine d'amende.

Période révolutionnaire

A partir de 1789 et de l'organisation municipale, les faits susceptibles d'être signalés ne revêtent plus un caractère isolé ; ils appartiennent en quelque sorte à la vie nationale, et les documents qui les concernent, conservés avec soin dans les archives de chaque commune, sont plus abondants et se retrouvent à peu près les mêmes dans les registres des délibérations de chaque municipalité.

Aussi, cessant de suivre chaque localité en particulier, je reprends ici l'histoire spéciale du canton de Seurre.

Les idées révolutionnaires, c'est-à-dire les idées de réforme, et le désir de mettre fin aux abus, aux vexations de toutes sortes qui constituaient à proprement parler la situation politique de l'époque, situation dont on a vu plus haut le caractère aigu et vexatoire à l'égard des populations, firent accepter avec enthousiasme la Révolution de 1789. Les paysans virent de toutes parts, dans le mouvement social et politique de l'époque, un moyen de protester contre la dépendance et la servitude dans lesquelles ils vivaient depuis de longues années, un moyen de sortir de cet état d'infériorité, de vivre enfin pour eux, d'être comptés pour quelque chose, et, à la faveur des idées d'émancipation qui se répandaient alors dans les campagnes aussi bien que dans les villes, ils comprirent que le moment était venu de revendiquer et de soutenir leurs droits qui venaient d'être solennellement reconnus et proclamés par l'Assemblée Nationale.

Aussi, s'appuyant sur les décisions de cette assemblée, nous voyons les municipalités se constituer partout, et dès qu'elles sont constituées, prendre la direction des affaires de la communauté, commencer, s'il y a lieu, la lutte pour le soutien et le triomphe des droits qui leur ont été solennellement reconnus, et arriver à assurer à la commune le bénéfice des dispositions nouvelles de la loi.

C'est ainsi que la municipalité de Corgengoux, par délibération du 11 novembre 1790, signifie au fermier du seigneur que, les corvées étant abolies par l'Assemblée Nationale, ils n'entendent plus payer la redevance annuelle de 35 sols par an, due par chaque feu, selon la convention du 11 juin 1787, les déchargeant desdites corvées.

La municipalité de Pagny-le-Château, à la date du 5 août 1790, exige des anciens échevins la restitution des pièces intéressant la commune, qu'ils avaient conservées entre leurs mains. Ces pièces, détaillées dans la délibération et qu'on retrouve encore aujourd'hui dans les archives, devaient être conservées dans un coffre fermé de trois clefs, dont l'une devait être aux mains des habitants, l'autre confiée au maire, et la troisième au procureur syndic.

La municipalité de Tichey fut constituée le 1er février 1790 ; dès le 28 février elle signifie aux habitants de Saint-Loup (Jura), de ne plus laisser paître leurs troupeaux sur le territoire de Tichey. La municipalité de Saint-Loup refusa d'obtempérer à ce désir, se basant sur un titre de 1357 par lequel les habitants de Saint-Loup pouvaient faire paître leurs troupeaux sur le territoire de Tichey, moyennant des redevances stipulées au terrier de 1788. Comme les droits féodaux étaient abolis, les habitants de Saint-Loup furent obligés de laisser leur bétail sur leur territoire, et de payer les frais du procès qui en résulta.

L'Assemblée Nationale ayant proclamé l'égalité civile de tous les citoyens, la municipalité de Pouilly-sur-Saône ne veut plus voir subsister aucune coutume rappelant les anciennes distinctions, et prend la singulière décision qui suit : « Les distinctions « honorifiques dérivant du régime féodal étant abolies, le marguiller ne doit point continuer de couper et présenter du pain bénit en forme de portion, « au fermier du seigneur, qu'il semble par là « représenter, et de plus, d'après la formation du « corps municipal il serait étrange, et même ridicule qu'on continuât de présenter de semblables « portions au maître d'école et aux fabriciens, puisque les officiers municipaux qui, par leur place, « sont au-dessus de ces particuliers, se contentent « d'en prendre avec le commun des citoyens. »

La plupart des registres contenant les actes des

nouvelles municipalités font aussi mention de la façon dont fut célébrée la fête de la *Fédération*, le
14 juillet 1790. Citons en particulier le procès-verbal
de cette cérémonie à Tichey, lequel constate que, ce
jour, eut lieu à l'église paroissiale la prestation du
serment fédératif des gardes nationales et de tous
les citoyens de la commune de Tichey.

« La messe étant finie, est-il dit, et la bénédiction
du Saint-Sacrement donnée, M. Michaud, adminis-
trateur du département de la Côte-d'Or, chargé par
MM. les officiers municipaux de diriger la cérémonie,
invita, par un discours, tous les citoyens présents à
s'unir d'intention aux représentants de la Fédération
générale, et à tous les citoyens de l'empire français
en prononçant avec lui le serment suivant : « Nous
« jurons, en présence de l'Être suprême et sur l'au-
« tel de la religion et de la patrie, de maintenir de
« tout notre pouvoir la constitution du royaume,
« d'être fidèles à la nation, à la loi et au roi, d'exé-
« cuter et de faire exécuter les décrets de l'assem-
« blée nationale, sanctionnés ou acceptés par le roi,
« d'assurer la liberté individuelle de tous les ci-
« toyens, de protéger la libre circulation des grains
« dans le royaume, de payer les impôts légalement
« consentis par la nation, et de défendre les pro-
« priétés publiques et particulières. Nous jurons en-
« core de rester à jamais unis, de nous secourir
« mutuellement et de mourir, s'il le faut, pour le sa-
« lut de la Patrie. »

« La formule du serment ainsi prononcée, le prêtre,
les officiers municipaux, les gardes nationales, enfin
tous les citoyens de tous les âges et de tous les sexes

s'empressèrent à l'envi de prêter le serment, excepté Claude de la Folie de Lorcy, et son fils aîné qui, pendant la tenue de la cérémonie, riaient et se moquaient de nous; au moment de la prestation du serment, ils sont sortis de l'assemblée, et ensuite, sont rentrés au moment de l'action de grâces. »

Après la fuite du roi, et lorsque la France fut envahie par les armées étrangères, un souffle ardent de patriotisme se fit sentir, même dans les campagnes les plus reculées et les mesures édictées par l'assemblée législative furent appliquées de toutes parts; chacun se trouva prêt à faire à la patrie tous les sacrifices nécessaires pour la maintenir à la place légitime qu'elle doit occuper, et pour lui permettre de repousser les envahisseurs.

C'est alors que nous trouvons encore à Pagny-le-Château qu'à la date du 6 juin 1791, à la nouvelle de la fuite du roi Louis XVI, la garde nationale et les habitants se réunissent sur la place publique; les officiers invitent les habitants à s'enrôler dans la garde nationale et à prendre les armes pour défendre la Patrie, en cas de besoin.

Le 29 juin 1791, nouvelle réunion, où les chefs prêtent serment de fidélité à la nation, à la loi et au roi, et où il est décidé de n'admettre dans la garde nationale que « des hommes dont la vie et les mœurs « seraient conformes à l'esprit des vrais patriotes.»

Le 14 juillet 1791 fut prêté solennellement le serment fédératif; le procès-verbal de cette cérémonie se termine par ces mots : « Les officiers municipaux, « gardes nationaux et habitants qui ont su signer « l'ont fait; s'écriant tous qu'ils voudraient signer

« de leur sang. » Suivent vingt-deux signatures.

Après la mort du roi, la Convention, pour faire face au danger et repousser les armées qui envahissent la France, prend des mesures énergiques, proclame la patrie en danger, ouvre les enrôlements et prescrit à chaque commune de fournir un certain nombre de *volontaires*. Mais les registres d'enrôlement déposés dans les mairies ne se remplissent pas assez rapidement et à peu près partout, la désignation des volontaires a lieu par la voie du sort.

La municipalité de Pouilly décide que le prix de la récolte de onze soitures de pré, appartenant à la commune, sera distribué aux pères et mères des sept volontaires qu'elle a fournis. A Pagny-le-Château, le sort désigne aussi les neuf volontaires exigés qui, visités dès le lendemain par un chirurgien de Seurre, sont aussitôt acheminés vers l'armée du Rhin.

On sait combien la Convention eut à faire, et combien sa tâche fut pénible. Comme si les ennemis intérieurs et extérieurs n'eussent pas suffi, elle vit encore la France, en proie aux accapareurs, menacée de la famine ; contre ces accapareurs, elle avait édicté la loi du maximum. Nous trouvons dans diverses localités quelques indications touchant cette mesure. On sait que la journée de travail et les denrées y étaient taxées au prix de 1790, augmenté de moitié. On pourra voir de la sorte la différence entre les prix de cette époque, et ceux d'aujourd'hui.

A Pagny-le-Château, le tarif maximum était établi comme il suit :

Le pain national de blé, la livre. . 4 sous.

La livre de lard salé . . . . . 17 — 6 den.

Vin rouge, la pinte . . . . . . 16 —

Les œufs, la douzaine . . . . . 6 — etc.

A Pouilly-sur-Saône, voici le maximum pour les journées de travail et la main d'œuvre.

En hiver, 25 sols sans nourriture, et 12 sols avec nourriture.

En été, 35 sols sans nourriture, et 20 sols avec nourriture.

Les journées des femmes étaient fixées moitié de celles des hommes.

A Labruyère, on trouve, à la date 19 octobre 1793, les détails plus complets qui suivent et que je transcris textuellement.

« Le procureur de la commune entendu, arrête :

1° Les journées de travail pour battre à la grange, depuis le 1er août jusqu'au jour de la Toussaint, seront fixées à quinze sols par jour et être nourris, et depuis la Toussaint, pendant l'hiver à neuf sols par jour et être nourris, et sans être nourris, une fois plus, suivant l'usage ;

2° La journée des charrons sera fixée à trente sols par jour et être nourris ;

3° La journée des tailleurs sera fixée à douze sols par jour ;

4° La journée des couturières sera fixée à six sols par jour ;

5° La journée des laveuses de lessive sera fixée à dix sols et être nourries ;

6° La façon d'une livre d'œuvre (filasse de chanvre)

sera taxée à trois sous la livre sans être nourris, et un sou six deniers la livre et être nourris ;

7° La treizaine de chanvre sera fixée à trente sols;

8° Les journées des filles seront fixées, pour sarcler les turquis du premier coup, à six sols par jour, et de deux coups, sept sols six deniers, et de trois coups, pour aller aux prés, à neuf sols par jour et être nourries ;

9° La façon des toiles de plus basse qualité à six sous l'aune ;

10° La médiocre à neuf sous l'aune ;

11° La plus fine, à douze sous l'aune, toile du pays, largeur ordinaire ;

12° La façon du journal de terre sera payée à trois livres le journal, de tout coup, et trois livres sept sous six deniers pour la semence ;

13° Les voitures seront payées au même prix qu'en 1790, auquel il sera ajouté la moitié du prix en sus, c'est-à-dire que celles de 10 sous en auront 15, et celles de 20 en auront 30;

14° Le prix le plus haut pour faucher chaque soiture de pré ne pourra excéder trois livres la soiture et la pinte de vin, et moitié pour faner.

15° Le plus haut prix pour moissonner chaque journal de blé et de seigle ne pourra excéder trois livres le journal, en tâche et être nourris.

16° La journée des hommes pour la moisson ne pourra excéder trente sols et être nourris.

17° La pinte de vin blanc ne pourra excéder dix sols la pinte d'ici à la Toussaint, pinte de Saint-Laurent. »

Cette loi du maximum était gênante pour le produc-

teur et pour le marchand qui était obligé de s'approvi-
sionner et de vendre ; aussi quelques résistances se
produisirent, mais les municipalités et les magistrats
chargés de l'appliquer tinrent bon et forcèrent chacun à l'observer. C'est encore le registre des délibérations de Pagny-le-Château qui relate quelques
exemples de sévérité à ce sujet.

« Un cultivateur de Chamberne, est-il-dit, avait du
colza sur son grenier. Sa marchandise lui fut deman-
dée par quatre fabricants d'huile de Dijon, munis
d'une autorisation du directoire du département,
leur permettant d'acheter des colzas et des navettes.
Le cultivateur leur demanda quel prix ils offraient
de sa marchandise. Ils répondirent que le prix maximum était fixé à 25 livres 14 sols, et qu'ils ne le
dépasseraient pas. Le cultivateur, qui s'appelait
Métier, ne voulut pas livrer son colza, déclarant
qu'il attendait une occasion plus avantageuse. Les
négociants protestèrent et le dénoncèrent à la municipalité. Le 28 thermidor, le conseil municipal le
somma de livrer sa marchandise, et chargea l'agent
national de poursuivre, en cas de refus, le récalcitrant
devant le Tribunal Révolutionnaire et de le faire pu-
nir avec rigueur. »

« Le 22 vendémiaire, une quinzaine d'individus
de la commune dénoncèrent le sieur Buisson, offi-
cier municipal et cabaretier, qui vendait le vin blanc
vingt sols la pinte. Le conseil demanda à l'unanimité
que le sieur Buisson fût poursuivi devant le tribunal
révolutionnaire. Il n'y comparut pas, mais le 4 fri-
maire, il fut cité devant le conseil général de la commune. On lui fit observer que cette infraction à la

Loi était d'autant plus grave qu'elle était faite par un fonctionnaire public qui devait de tout son pouvoir faire observer les lois. Le sieur Buisson répondit que son intention était et serait toujours de faire exécuter les lois ; qu'il avait à la vérité vendu du vin le jour de la foire et jours suivants, à vingt sols la pinte ; qu'il avait appris que le vin était taxé et vendu ce prix à Belle-Défense (Saint-Jean-de-Losne). Il a déclaré que, puisque cela n'était pas, il avait été trompé ; il se soumettait avec plaisir et obéissance à la Loi du maximum ; qu'il n'entendait ni jamais n'avait entendu y porter atteinte, et qu'il veillerait au contraire à son exécution. Le conseil fut satisfait de ces promesses, et l'affaire fut arrêtée. »

Pendant ces temps troublés, l'argent était rare, les ateliers fermés, le travail à peu près arrêté, et par suite la misère et les besoins allaient croissant. Les municipalités reçurent l'ordre d'établir, partout où la chose serait possible, des ateliers de charité, destinés à fournir de l'occupation aux ouvriers sans ouvrage. Le conseil municipal de Pouilly, entre autres, après avoir constaté que ces établissements étaient d'une grande utilité à Pouilly « où, dit-il, il se trouve une population trop nombreuse, relativement au travail qui s'y trouve, notamment dans la classe des manouvriers, qui n'ont, pour ainsi dire d'occupation que pendant les fauchaison et moisson, et qui, pendant les deux tiers de l'année, se trouvent livrés à une oisiveté forcée et à la misère qui en est la suite, pour des citoyens sans propriétés, » a émis l'avis de fournir du travail par l'extraction du gravier de la Saône, qui serait vendu par l'administration aux adjudicataires des routes. Au moment des grandes eaux, lorsque ce travail aurait été impossible, les ouvriers se seraient occupés de la reconstruction du chemin de Montmain, dégradé par le passage des bois provenant des forêts voisines, et amenés sur le port de Pouilly.

Ce qui ajoutait encore à l'augmentation du prix des denrées et surtout à leur rareté, c'étaient les nombreuses réquisitions qui étaient pratiquées pour fournir à l'entretien et à la subsistance des armées qui défendaient alors contre l'ennemi le sol de la Patrie.

C'est ainsi que le 14 brumaire an II de la République française, la municipalité de Pagny-la-Chapelle est mise en demeure :

« 1° De livrer sur le champ dans le magasin de
« Seurre, tous les grains battus, blé, seigle, avoine,
« à l'exception de cette dernière espèce de grain qui
« sera conduite au chef-lieu du district pour la nour-
« riture, pendant un an, des six chevaux à fournir
« par chaque juridiction de justice de paix.

« 2° De réquisitionner les chevaux et voitures né-
« cessaires pour conduire sur le champ, à l'armée
« du Rhin, *au dépôt de Belfort* et même de *Stras-*
« *bourg*, s'il est possible, tous les grains actuelle-
« ment déposés dans les magasins du district, et
« ceux qui y seront versés en vertu de réquisitions.

« 3° De faire fabriquer la quantité de sacs néces-
« saires aux transports, de réquisitionner les toiles
« nécessaires, et d'enjoindre aux ouvriers et ouvrières,
« tous ouvrages cessant, de s'occuper immédiate-
« ment de la confection des sacs.

« 4° D'employer tous les bras au battage des grains,
« et de faire verser les dits grains, sans disconti-
« nuité, au fur et à mesure du battage. »

En exécution de cette réquisition, le conseil nomma sur le champ deux commissaires qui firent envoyer le grain à Seurre, le lendemain même ; deux
autres commissaires furent chargés de mettre des
batteurs dans toutes les granges, et de requérir tous
les manouvriers à cet effet, et veillèrent à l'exécution des mesures prescrites ; ainsi, quatre manouvriers de la localité ayant quitté la commune pour
aller faire la vendange à Labergement, le Conseil
décida, à l'unanimité, de donner plein pouvoir à l'a-
gent national, d'envoyer chercher ces quatre citoyens par les gendarmes de Seurre. La délibération
fut exécutée.

Le 29 thermidor de la même année eut lieu une
nouvelle réquisition. La municipalité dut fournir
450 quintaux de grain dont les 3/4 en blé, et le reste
en orge ou seigle, pour l'armée des Alpes, cette fois.
La répartition des denrées à fournir se fit entre les
laboureurs, séance tenante. Une meule de foin fut
également réquisitionnée pour le service des armées
de la République et les habitants chargés du trans-
port des foins.

Des mesures analogues furent prises à peu près
partout et sont une preuve évidente du patriotisme,
du dévouement et de l'esprit de désintéressement qui
animait tous les citoyens et les portait aux plus grands
sacrifices pour venir en aide à la patrie menacée.

On trouve peu de traces de poursuites exercées
contre les particuliers à l'époque de la Terreur. Ce-

pendant, à Pouilly, on voit, à la date du 19 mai 1793, que le sieur Jean Adelon, notaire dans cette localité, qui avait obtenu un certificat de civisme délivré par le conseil général de la commune, mais non approuvé par le département, fut consigné chez lui, avec défense d'en sortir sous peine d'être incarcéré, sauf, s'il y échet, d'être mis en état d'arrestation, lorsqu'il sera rétabli (il était alors malade). Les scellés ayant été apposés sur ses papiers, il fut mis en liberté le 3 juillet, après qu'on eut constaté qu'il n'y avait rien de suspect chez lui.

Le même registre constate aussi que le 16 janvier 1791, maître Jean-François Perrenet, curé de Pouilly, accepta la constitution civile du clergé, et prêta en ces termes le serment exigé par le décret de l'Assemblée nationale du 27 novembre 1790 : « Je jure de veiller sur la paroisse qui m'a été confiée, d'être fidèle à la nation, à la loi et au roi, de maintenir de tout mon pouvoir la constitution décrétée par l'assemblée nationale et acceptée par le roi. » Un certain nombre de prêtres refusèrent de prêter ce serment; ceux qui s'y soumirent eurent quelquefois à en souffrir, comme par exemple, M. Martin, aumônier de l'hôpital de Seurre, que les sœurs refusèrent de recevoir après sa prestation de serment.

Ier Empire et Restauration

A la chute de Robespierre, les mesures extrêmes cessèrent, et la tranquillité reparut dans nos campagnes; aussi, les documents concernant l'histoire de cette période font-ils complètement défaut. Il en fut de même pendant toute la durée du Directoire et de l'Empire, où nous ne trouvons rien de particulier à signaler avant les invasions de 1814 et 1815.

Pendant la période des campagnes et des guerres de la République et de l'Empire, toutes les communes fournirent amplement leur contingent aux armées et de nombreux enfants de nos pays, dont les noms sont encore conservés avec soin, arrosèrent de leur sang les champs de bataille, où ils se couvrirent de gloire, et payèrent souvent de leur vie leur amour du sol natal qu'ils défendaient, ou l'ambition d'un empereur qui voulait asservir l'Europe.

Quelques-uns s'y distinguèrent : citons en particulier le général baron Veau (Antoine-Joseph), né à Seurre, le 17 septembre 1764, lequel se signala par de nombreux faits d'armes sur les champs de bataille de la République et de l'Empire, où il conquit tous ses grades. Son attachement à Napoléon Ier et sa fin malheureuse firent une profonde sensation à cette époque, et cependant aujourd'hui, il est triste de dire que, même dans sa ville natale, c'est à peine si quelques personnes en connaissent le nom et en ont gardé le souvenir.

Quand Napoléon Ier, vaincu, eut reculé jusqu'au Rhin, les armées alliées se mirent en marche et envahirent la France ; la lutte se livra surtout au nord-est, et n'atteignit pas nos pays, mais l'armée autrichienne du prince de Schwartzemberg, qu'Augereau n'avait pu arrêter à Lyon, remonta la vallée de la Saône, pour se joindre à une autre armée, commandée par Blücher, et pendant plusieurs mois, le canton de Seurre fut traversé dans tous les sens par de nombreuses troupes qui ne commirent pas, il est vrai, de grands dégâts, et ne causèrent pas de forts dommages, mais qu'il fallut néanmoins nourrir pendant toute la durée de leur séjour, et pour le compte desquelles de nombreuses réquisitions eurent lieu. Ces réquisitions, pour la plupart, ne furent pas faites directement : c'était le maire de Seurre qui mettait ordinairement ses collègues en demeure de lui fournir à date fixe les denrées qui lui étaient demandées, et quelquefois menaçait de mesures de rigueur les communes trop souvent peu disposées à satisfaire aux exigences d'un ennemi qui ne s'adressait pas directement à elles. Quelques communes furent cependant occupées effectivement pendant quelque temps, et des réquisitions en règle y furent pratiquées, mais sans violence. Dans la période qui s'écoula du 19 janvier 1814 au 25 juin, le canton de Seurre fut traversé par 45,000 hommes et 20,000 chevaux, ainsi qu'il résulte des documents conservés à la mairie de Seurre, et les réquisitions totales s'élevèrent au chiffre de 147,972 fr.

En 1815, après Vaterloo, le canton de Seurre fut de nouveau envahi par les armées alliées, et les réquisitions s'y élevèrent au chiffre de 78,729 fr., soit un total de 226,701 fr. pour les deux invasions de 1814 et 1815.

Guerre de 1870-71

En 1870-71, le canton eut à subir une nouvelle invasion de la part des Allemands. Aucun fait de guerre ne s'y est passé, ou du moins des faits insignifiants, l'occupation étrangère n'ayant eu lieu qu'après la signature de l'armistice ; c'est pourquoi les réquisitions faites dans les diverses localités eurent lieu aussi, à peu près sans violence, et tout en s'élevant au chiffre considérable de 231,701 fr., furent supportées avec résignation, par les habitants.

L'occupation allemande dura environ quinze jours pour les communes de la rive droite de la Saône, c'est-à-dire du 1er au 15 février; celles de Chivres, Corberon, Corgengoux, Montmain, furent réquisitionnées, mais non occupées; celles de la rive gauche, furent seulement traversées par quelques troupes de passage.

Seurre et les communes avoisinantes avaient eu également à subir de nombreux passages de troupes françaises, soit régulières, soit organisées en compagnies de francs tireurs lesquelles avaient été aussi nourries par le système de réquisitions, organisé par les maires. Ces passages s'expliquent par la situation de ces communes sur la route de Seurre à Dijon où eurent lieu plusieurs combats importants ; de Nuits, où se livra une sanglante bataille, le 18 décembre 1870, et de Chagny par où déboucha l'armée de l'Est, dite de Bourbaki, qui marchait sur Belfort, dans l'intention de débloquer cette ville, et traversa par conséquent tout le sud-est du département de la Côte-d'Or.

De nombreux travaux de défense avaient été ordonnés dès le début de la guerre, dans le but de résister aux armées ennemies. Ainsi les trois ponts de décharge de la chaussée de Pouilly avaient été coupés, et l'on avait fait sauter la culée du pont de Seurre située sur la rive droite. En outre, des coupures avaient été commencées sur les routes, et des terrassements destinés à servir d'abri aux tireurs avaient été pratiqués sur divers points. Malheureusement ces travaux furent inutiles; aucun combat n'ayant eu lieu dans le canton qui ne fut occupé que pendant l'armistice, et lorsque les communications avaient été rétablies pour le passage de l'armée de l'Est. — Voici, à titre de renseignements, un état détaillé du montant, pour chaque commune, des réquisitions faites en 1814 et en 1870.

DÉSIGNATION DES COMMUNES	MONTANT DES RÉQUISITIONS			OBSERVATIONS
	En 1814	En 1815	En 1870-71	
Seurre	32,039	»	46,424	
Auvillars	5,320	»	37,969	
Bagnot	3,811	»	16,084	
Bonnencontre.	6,416	»	19,297	
Bousselange.	3,915	»	90	
Broin.	6,074	»	16,912	
Chamblanc	11,505	»	15,144	
Chivres.	3,106	»	4,559	
Corberon	4,783	»	5,387	
Corgengoux	3,594	»	1,455	
Glanon	2,413	»	5,608	
Groisbois-les-Tichey. . .	2.235	»	1,739	
Jallanges	8,589	»	6,923	
Labergement-les-Seurre.	7,881	»	23,171	
Labruyère.	3,099	»	1,558	
Lanthes.	3,524	»	2,734	
Le Chatelet.	4,401	»	3,860	
Montmain.	2,129	»	747	
Pagny-la-Ville	4,346	»	2,776	
Pagny-le-Château. . . .	4,829	»	3,307	
Pouilly-sur-Saône. . . .	5,396	»	13,037	
Tichey	6,927	»	»	
Trugny	10,410	»	3,670	
Totaux.	147,072	78,729	231,701	
Total général. .		458,402 fr.		

MONUMENTS ANCIENS OU MODERNES

Curiosités

Après avoir donné l'histoire du canton et de chacune des communes en particulier, il me reste à signaler les monuments qui ont été élevés à des époques diverses, et viennent encore aujourd'hui rappeler le souvenir des temps passés, ou qui, plus récents, se signalent par leur importance ou leur utilité.

J'ai cité plus haut les voies romaines et les vestiges de l'époque gallo-franque, assez nombreux dans le canton ; je n'y reviendrai donc pas.

Les restes de l'époque féodale proprement dite sont peu nombreux dans nos localités. Les châteaux forts qui existaient, ont peu à peu disparu, complètement démolis le plus souvent, ou, du moins tellement transformés à la *moderne,* qu'ils n'ont à peu près rien conservé de leur caractère primitif.

Le château d'Auvillars, bâti par J. de Saint-Hilaire, réparé par Louis Galois en 1650, présente seul quelques dispositions rappelant le caractère féodal. L'entrée en forme de voûte avec meurtrières et machicoulis; une tour carrée à l'est ; une autre plus élevée à l'ouest, deux tourelles au nord, l'emplacement encore visible du pont-levis et des anciens fossés et un pont en briques, formé d'une seule arche, sous lequel passe une des rues de la commune, et servant à aller du château au jardin, forment un ensemble que l'on retrouve encore rarement dans les châteaux actuels.

Des fortifications de la ville de Seurre, rasées par ordre du roi Louis XIV, après le siège de 1653, il ne reste rien, sinon quelques vestiges du bastion de Guise, dans la propriété Mimeure, et les dépressions entourant la ville et marquant l'emplacement non encore nivelé des anciens fossés.

Les monuments les plus nombreux sont sans contredit les églises. — Toutes les communes du canton en sont pourvues excepté Jallanges et Trugny, qui font partie de la paroisse de Seurre et Le Châtelet, qui ne possède qu'une chapelle et fait partie de la paroisse de Pagny. Quelques-unes de ces églises sont de construction récente, entre autres celles de Labruyère, Glanon, Pagny-le-Château et Labergement. Cette dernière, qui date de 1858, est certainement une des plus belles églises rurales modernes du diocèse, et a coûté près de 300,000 fr. De style ogival, elle comprend une nef centrale d'une grande élévation et deux nefs latérales séparées par des piliers à chapiteaux sculptés. Le chœur, éclairé par cinq grandes fenêtres garnies de vitraux d'un bel effet, renferme un bel autel de marbre blanc, et est entouré d'une boiserie en chêne avec stalles. Le portail, entièrement construit en pierres de taille, est surmonté d'une flèche octogonale qui s'élève à la hauteur considérable de 52^m au-dessus du sol. Comme ce monument est construit au point culminant d'une colline ayant environ la même hauteur au-dessus du niveau de la vallée de la Saône, on l'aperçoit à une grande distance.

Dans la petite église de Bagnot, qui ne présente cependant rien de particulier, ni de saillant au point de vue de l'architecture et de la construction, se voient des peintures murales fort anciennes et assez curieuses, connues sous le nom de *diables de Bagnot* dans les localités environnantes. Ces peintures qui, d'après une inscription placée derrière l'autel, dateraient de 1484, ont été longtemps recouvertes d'une couche de plâtre, et ce n'est que depuis une vingtaine d'années qu'elles ont été découvertes par hasard, débarrassées de leur couche de plâtre. restaurées et remises en état. Ces peintures forment un spécimen aussi complet que rare de la peinture décorative des monuments religieux au moyen âge, où l'on cherchait surtout à frapper la vue et par suite l'esprit, par des sujets plus ou moins terribles. C'est ce qui explique à la fois les tons criards de la peinture et la sévérité des sujets représentés.

Voici, d'ailleurs, d'après un rapport de M. Baudot, président de la société des antiquités de la Côte-d'Or la description sommaire de ces peintures.

« Au fond du sanctuaire, au fond de l'autel, on voit la figure du Christ assis sur l'arc-en-ciel, le globe de la terre est à ses pieds ; il présente les plaies saignantes de ses mains, entièrement ouvertes ; le manteau rouge dont il est revêtu, agrafé sur la poitrine, est écarté par ses bras relevés, et laisse voir le milieu du corps nu et la plaie du côté d'où découle un sang abondant. Sa tête est entourée du nimbe crucifère, sa barbe se termine en deux pointes. Au bas du nimbe est une épée dont la pointe est dirigée près de l'oreille gauche, de l'autre côté est une branche d'arbustes à fleurettes rouges.

« Dans les autres compartiments de la voûte du sanctuaire, séparés par des nervures prismatiques ornées de peintures, on a placé les emblèmes des quatre évangélistes ; dans l'axe du Christ est le lion de Saint Luc, à droite, le bœuf de Saint Marc, à gauche l'aigle de Saint Jean et l'ange de Saint Mathieu. Auprès de chacune de ces figures symboliques de grandeur colossale, on voit, inscrit sur une banderolle, en caractères gothiques du XVᵉ siècle, le nom de chacun des évangélistes.

« Au bas de la figure du Christ, le mur est percé dans le haut d'un oculus formant entonnoir, et entouré dans l'épaisseur du mur d'un cercle de feuillage qui rappelle l'époque byzantine. Dans ce compartiment, on a représenté la salutation angélique. A gauche de l'oculus, est l'ange qui annonce à Marie qu'elle sera mère de Dieu De l'autre côté, la Vierge est en prières près de son prie-dieu, et une petite colombe, emblème du Saint-Esprit, semble lui inspirer sa réponse et opérer en elle le mystère de l'Incarnation. Ces deux personnages sont ainsi séparés par l'oculus, au-dessus duquel on lit : *Ave Maria, gratia plena, Dominus tecum.* Deux fenêtres murées qui, avec l'oculus formaient trois ouvertures, symbole de la Trinité, sont masquées par une boiserie qui surmonte l'autel. Plus bas, à gauche de l'autel, on voit la Vierge au pied de la croix, tenant sur ses genoux le corps inanimé de son fils. De l'autre côté, à droite, est un personnage debout, revêtu de la robe de moine. On conjecture que ce peut être Saint

Benoît, mais rien ne l'indique d'une manière positive.

« Le fond de ce tableau est garni de petites rosaces qui se détachent sur fond clair.

« A droite, dans le sanctuaire est une fenêtre dont la baie a été exhaussée, et refaite à plein cintre. Elle était sans doute à ogive, comme celle qui lui fait face et qui a été murée. La peinture placée au-dessus de cette fenêtre, au centre de l'ogive formée par la retombée des voûtes, représente Saint Georges à cheval, terrassant le dragon: son armure, brassarts, cuissarts, et son bouclier échancré, rappellent très positivement l'époque du xve siècle.

« En face de Saint Georges, au-dessus de la porte de la sacristie qui est de construction moderne, est représenté Saint Michel ; il tient une balance dont les plateaux sont chargés de deux têtes qui représentent deux âmes, et il foule aux pieds le Démon.

« Au bas de ces différents sujets, et sur une ligne parrallèle et horizontale qui se trouve à environ 2 mètres de la hauteur du sol, est une rangée de saints personnages, parmi lesquels on remarque particulièrement Saint Jean-Baptiste tenant un livre ouvert, et une croix ornée de l'oriflamme, Saint Jean l'Evangéliste tenant un calice ; plus loin Saint André reconnaissable à la croix en forme d'X placée devant lui ; à côté, deux personnages dans lesquels on croit reconnaître Saint Pierre et Saint Paul ; ce dernier tenant un livre ouvert. Un examen approfondi pourra peut-être faire reconnaître ces différents personnages, dont la plupart portent leurs noms inscrits au-dessus de leurs têtes, mais effacés.

« L'arc doubleau qui sépare le sanctuaire est décoré au-dessous de 12 petits tableaux encadrés de filets noirs, dans lesquels on a dessiné des personnages allégoriques représentant les douze mois de l'année, comme on en voit dans certains manuscrits à miniature de l'époque du moyen âge.

« La voûte du chœur, comme celle du sanctuaire, forme quatre compartiments séparés par des nervures, non décorées de peintures. Dans chacun de ces compartiments est un ange de grandeur colossale, embouchant la trompette du jugement dernier, sous forme de long cornet ou olifant très légèrement recourbé. Ces anges sont revêtus d'une tunique blanche et longue qui se termine par des plis de cette forme anguleuse. que l'on remarque dans les œuvres des artistes allemands et flamands des xvᵉ et xviᵉ siècles.

« A gauche, du côté de l'Evangile, on a représenté la principale scène du jugement dernier. Au sommet de l'ogive est le Père Eternel accompagné de deux anges et tenant de ses deux mains une nappe étendue sous laquelle sont réunis les Elus, au-dessus desquels ont lit: *Venez les bénits....* sur une langue de terrain placée dans le haut, et qui s'étend à droite du spectateur, et par conséquent à la gauche du Père Eternel on voit sortir du tombeau un pape, reconnaissable à sa tiare à triple couronne ; à côté est un grand dignitaire de l'Eglise, un archevêque sans doute, dont la mitre a subi des dégradations qui ne permettent pas d'en apprécier le caractère ; à côté est une femme dont la partie inférieure du corps n'est pas encore sortie de terre; des tombes ouvertes gisent sur le devant du terrain. Sur la même ligne, de l'autre côté du Père Eternel, des évêques mitrés paraissent également sortir de terre et ressusciter.

« Au bas des élus, et séparé par une cloison percée de deux ouvertures, on voit à droite un ange tenant probablement une épée, et de l'autre on remarque une petite voiture attelée de deux chevaux, couverts d'une toile supportée par des cerceaux. Elle s'éloigne conduite par un diable tout noir, à cornes et à griffes, monté en postillon ; un autre diable, en tout semblable à celui-ci, est placé au sommet de la couverture du véhicule et semble par d'horribles grimaces, narguer les âmes des réprouvés que l'on aperçoit sur le devant dans l'intérieur de la voiture.

Sur le mur, en face du Père Eternel, dans le chœur, est représenté l'Enfer. Un énorme diable occupe le sommet de l'ogive. Devant lui, est placée une chaudière sur un brasier ardent. Cette chaudière est remplie de petites têtes : ce sont les âmes des réprouvés. Des diables noirs, aux pieds fourchus, aux têtes grimaçantes, armées de cornes, attisent le feu autour de la chaudière. Ces figures repoussantes et les poses de ces démons sont pleines d'énergie, et d'une expression tout à fait diabolique. A gauche, au milieu des flammes, on remarque une femme nue, symbole de la luxure.

« Tels sont les sujets exécutés sur les murs et les voûtes de l'Eglise de Bagnot.... L'époque à laquelle on doit faire remonter l'exécution de ces peintures est indiquée par des caractères qui sont particuliers au xve siècle, si ce n'est à la fin du xive. D'ailleurs, une inscription gothique placée derrière l'autel est ainsi conçue : *L'an mil quatre cent quatre-vingt-quatrième on fit faire cette histoire.* »

L'église de Corgengoux a été réédifiée à peu près en entier en 1806, à la place de la précédente, effondrée par la chute du clocher ; il n'était resté de l'ancienne qu'un pan de mur du côté du nord, le chœur et la chapelle de Saint-Paul qui ont été conservés. Une fenêtre de cette partie restée intacte est encore fort admirée. Mais ce qui attire surtout l'attention des connaisseurs, c'est le retable de l'autel du chœur de cette église, qui en fait l'un des plus remarquables du diocèse. Ce rétable a été acheté à Dijon du frère Benoist Geoffroy, provincial des Minimes, le 11 août 1738, des deniers de la fabrique pour la somme de 250 livres. Il a été restauré en 1865, aux frais de la commune, moyennant la somme de 1,300 fr. Entièrement remis à neuf, on croirait encore qu'il vient de sortir des mains du doreur.

Les autres églises du canton n'offrent rien de remarquable. Quelques-unes renferment les tombeaux d'anciens seigneurs, soit à l'état de simples pierres tombales, soit, comme à Auvillars, à l'état de mausolées, avec statues couchées et inscriptions. Celle de Seurre au contraire, mérite une mention spéciale, mais la description détaillée en existe dans la *Monographie* de cette ville.

Parmi les monuments intéressants, églises ou chapelles, je ne saurais omettre la chapelle de l'ancien château seigneurial de Pagny, qui reste à peu près seule de cette antique demeure féodale, si renommée dans toute la contrée, et est actuellement convertie en magasin; malgré la perte de la jolie flèche qui la surmontait, et qui fut détruite par un incendie, il y a environ 25 ans, elle mérite encore d'être classée au nombre des monuments historiques; cette chapelle date du XIIIe siècle, et a été construite par Philippe de Vienne.

« L'architecture qui domine dans sa construction, dit encore M. Baudot, dans la notice spéciale concernant cette chapelle, est celle de la 4e période du style ogival qui est renfermée dans la fin du XVe siècle et le commencement du XVIe.

« Le corps du bâtiment est en briques, à l'exception des angles qui sont en pierre blanche, comme toutes les sculptures de l'extérieur. Elle était surmontée d'une flèche qui a été détruite par un incendie. Le plan a la forme d'une croix, en y comprenant la sacristie à gauche, et la chapelle de droite où les seigneurs avaient la coutume d'entendre la messe. La longueur à l'intérieur est de 27 m., la nef a 8 m. 35 de large; elle est orientée; le chœur est tourné au levant; elle était autrefois pourvue d'une horloge dont on voit encore le cadran. »

Le portail, qui fut reconstruit vers 1535, attire l'attention des amateurs par la perfection des détails. Plusieurs Anglais qui l'ont vue, dit Courtépée, ont dit qu' « il ne manquait qu'un étui pour un si beau bijou. » Les statues qu'on y voit : deux saints, un livre à la main, et au milieu, la Vierge tenant l'enfant Jésus, sont d'une rare perfection.

On distingue sur les colonnes et les pilastres des figures d'enfants au milieu d'ornements d'une grande finesse et délicatement sculptés. La base et le socle des colonnes sont aussi couverts d'ornements. On ignore le nom des artistes qui ont travaillé à ces ouvrages remarquables. Cependant, ajoute M. Baudot, « il règne une telle analogie entre ces ouvrages et les belles sculptures qui décorent le portail de Saint-Michel de Dijon, qu'il ne serait pas étonnant que les mêmes artistes aient travaillé aux mêmes monuments. Cette analogie est frappante dans la composition. Ce sont les mêmes figures, les têtes d'anges surtout ont vraiment un air de famille. Ce sont les mêmes détails de coiffure, d'ajustement, et dans le faire, la même touche, le même ciseau. »

De chaque côté du portail, on remarque deux contreforts portant deux consoles sur lesquelles reposent des figures de saints, surmontées de dais percés à jour. Les gargouilles, par où s'écoulent les eaux qui descendent, représentent des aigles à deux têtes, des griffons, des lions, etc. A l'intérieur de la chapelle, on voit des armoiries des Chabot, de Jeanne de Longwy, etc.

Les arceaux sont d'une grande légèreté. La nef est éclairée par six fenêtres à ogives sculptées à leur partie supérieure. Jadis ces fenêtres étaient garnies de magnifiques vitraux peints. Plusieurs sont aujourd'hui complètement murées; il ne pénètre plus qu'une pâle lumière à l'intérieur de la chapelle.

Un magnifique jubé élevé par l'amiral Chabot a été emmené à Paris, chez le propriétaire actuel de la chapelle. Il fut terminé en 1538.

L'autel était surmonté d'un retable qui était aussi un chef-d'œuvre, et qui a disparu avec le jubé.

Courtépée dit qu'un Anglais aurait voulu l'avoir dans son château pour cinq cents louis. Il était divisé en six compartiments représentant en relief des scènes de la vie de Jésus-Christ. Toutes les figures étaient dorées et peintes. Deux portes brisées à deux vantaux, couvertes de peintures, se refermaient sur les sculptures, et les préservaient des injures de l'air.

On doit ce rétable, qui dut coûter des sommes considérables, à Jeanne de Vienne, épouse de Jean de Longwy. En 1793 il fut, dit-on, estimé 10 sous, par un magistrat chargé de faire l'inventaire des objets mobiliers de la chapelle.

En entrant dans la chapelle, on voit à gauche, dans l'épaisseur du mur, le tombeau de Jean de Vienne, surnommé la Longue barbe ; il est recouvert d'une arcade surmontée d'une frise. On y voit les armes de Jean de Vienne. La statue est en pierre un peu rougeâtre. Le fameux baron est étendu sur le dos, sa couronne en tête et tout le corps armé ; ses mains sont jointes sur sa poitrine. Sur sa cuirasse, est gravé un aigle à deux têtes ; ses pieds sont appuyés contre le dos d'un singe.

Au bord de la table sur laquelle est couché Jean de Vienne on lit l'inscription suivante, en caractères du moyen âge :

« *Ci-gist noble baron Mess. Jehan de Vienne, ch^r, seig^r de Paigny et Vignan, qui trépassa la veille des Bordes, l'an 1435.* »

Au commencement du siècle, en faisant réparer la chapelle, on a trouvé dans un caveau, sous la statue, le corps du chevalier encore recouvert de son armure.

Plus loin, on voit le mausolée de Jean de Longwy et Jeanne de Vienne, érigé par leurs enfants vers 1465. Les statues sont en superbe marbre blanc ; elles sont couchées sur une table de marbre noir portant trois écussons aux armes de la famille. La statue du baron est armée, excepté la tête et les mains qui sont nues ; les têtes sont appuyées sur des carreaux. Ces belles statues ont été mutilées en plusieurs endroits. Des visiteurs ignorants y ont gravé leurs noms, sans respect pour de pareilles œuvres d'art.

D'un côté, on lit : *Ci-gist noble et puissant seigneur, Messire Jehan de Longwy, chevalier, seigneur de Gevry et Paigny, qui trépassa le vingt-deuxième jour du mois de janvier, l'an mil quatre cent soixante et deux.*

Et de l'autre côté : *Ci gist noble et puissante dame madame Jehanne de Vienne, dame de Gevry et de Paigny, femme de noble et puissant seigneur messire Jehan de Longwy, seigneur des dits lieux, laquelle trépassa le VIIe jour de septembre, l'an MCCCCLVII. — Dieu ait leur âme. — Amen.*

La chapelle de l'ancien château de Pagny sert maintenant de magasin, et les statues y sont entourées de machines agricoles et d'outils de toutes sortes ; pendant l'hiver, elle sert de serre à des plantes que l'on y met à l'abri des atteintes de la gelée.

Après les églises et chapelles, doivent être cités les hôpitaux, au nombre de deux dans le canton de Seurre, l'un à Seurre, et l'autre à Labergement.

L'hôpital de Seurre qui date de 1688 se compose d'un vaste bâtiment quadrangulaire divisé en deux parties par la chapelle surmontée d'un élégant petit clocher, du côté nord se trouve une salle de malades, dite des hommes, et du côté sud, la salle des femmes. Deux ailes parallèles limitant une cour centrale comprennent : l'une un asile pour vieillards et l'autre les services accessoires. Les détails sur les origines, les fondations, les revenus de cet établissement ont été donnés dans la *monographie* de Seurre.

L'hôpital de Labergement, dit *Hôpital Cordelier*, est de création récente. Il a été fondé par Mme Catherine-Philiberte-Élisabeth Cordelier, épouse de M. Frédéric Leblanc, par son testament, en date du 14 octobre 1856 et créé par décret impérial du 11 mars 1858.

Cet hospice comprend un vaste bâtiment à un étage construit et meublé de 1864 à 1873, renfermant quatre lits pour malades : deux pour hommes et deux pour femmes. Les indigents de la commune y sont reçus gratuitement et soignés par deux religieuses.

Les bâtiments construits assez simplement n'offrent pas de caractère monumental : un simple fronton triangulaire avec l'inscription : *Hospice Cordelier* et surmonté d'une statue de la Vierge distingue cet édifice des maisons bourgeoises de la localité.

L'établissement n'a encore pour revenus que 163 fr. 75 de rentes sur l'État, et 26 hectares de terres et vignes qui sont affermés.

CHAPITRE IV

ADMINISTRATION COMMUNALE

Population. — Revenus communaux. — Etablissements
de bienfaisance

Les communes du canton sont, comme je l'ai dit, au nombre de 23. Toutes ayant une population agglomérée inférieure à 2,500 habitants, ont un maire et un seul adjoint. — Seurre, dont la population avant le dernier recensement dépassait 2,500 habitants avait, jusqu'à ces derniers temps, deux adjoints.

La population actuelle de chaque commune a été donnée ci-dessus en même temps que la surface territoriale et montre une grande différence comme importance d'agglomération.

La population de ces communes a subi des variations à diverses époques; en général, c'est vers 1840 que la population a été le plus dense; à cette époque, Seurre comptait 3,720 habitants, c'est-à-dire 1200 de plus qu'actuellement; la population de toutes les communes a décru depuis cette époque dans des proportions identiques; cela tient à ce que les familles sont moins nombreuses qu'autrefois, et aussi à l'émigration des campagnes au profit des villes.

Les renseignements sur la population au moyen âge manquent; cependant, d'après Courtépée, Lanthes n'avait que 6 feux en 1490; Seurre 40 en 1474; Labergement 38 habitants en 1566. Dans la période actuelle la commune qui a subi le plus de transformations est Pouilly-sur-Saône, qui, en 1801, avant la fondation de la manufacture de produits chimiques, comptait seulement 360 habitants, et qui en avait 888 en 1861.

Actuellement, les localités les plus peuplées sont : Seurre, 2,517 habitants et Labergement 1,300. Les deux communes les moins peuplées sont : Montmain 129 habitants et Grosbois-les-Tichey 128.

Il n'existe pas moins d'écart entre les revenus de chaque localité, qu'entre la population et l'étendue territoriale. On trouvera ci-après un tableau montrant la situation financière de chaque commune du canton, pour l'année 1887.

COMMUNES	POPULATION	SUPERFICIE en hectares	REVENUS ANNUELS non compris les centimes	VALEUR du centime	CENTIMES POUR dépenses ordinaires et extraordinaires	PRODUIT des centimes	TOTAL des revenus	REVENU du bureau de bienfaisance
			fr.	fr.		fr.	fr.	fr.
Seurre (Octroi 21000 f.)	2517	899	31334	278,63	22	6130	37464	2724
Auvillars	422	674	3767	57,62	26	1498	5265	»
Bagnot	244	1257	1421	39,94	22	879	2300	»
Bonnencontre.	491	1083	5252	63,21	22	1391	6643	317
Bousselange.	269	720	1867	29,90	43	1284	3151	»
Broin	330	1418	5297	70,25	18	1264	6561	»
Chamblanc	560	1021	4088	63,66	30	1910	5998	224
Chivres	490	823	3078	58,60	20	1172	4250	»
A reporter . . .	5263	7895	56104	661,81	203	15528	71632	3265

COMMUNES	POPULATION	SUPERFICIE en hectares	REVENUS ANNUELS non compris les centimes	VALEUR du centime	CENTIMES POUR dépenses ordinaires et extraordinaires	PRODUIT des centimes	TOTAL des revenus	REVENU du bureau de bienfaisance
			fr.	fr.		fr.	fr.	fr.
Report	5263	7895	56104	661,81	203	15528	71632	3265
Corberon	474	1172	3448	60,99	21	1281	4729	»
Corgengoux.	523	1254	5745	65,26	22	1501	7246	»
Glanon	269	365	1617	24,90	50	1245	2862	»
Grosbois-les-Tichey . .	128	486	1493	18,54	41	760	2253	»
Jallanges.	454	748	5448	43,93	33	1450	6398	»
Labergement	1300	2883	18614	166,43	26	4327	22941	554
Labruyère.	294	752	1998	46,82	67	1217	3205	»
Lanthes.	227	980	2461	30,31	41	1243	3704	»
Le Châtelet.	336	368	3012	33,51	29	972	3984	»
Montmain.	129	907	1150	32,29	32	1065	2215	»
Pagny-la-Ville	606	673	6071	70,96	21	1490	7561	274
Pagny-le-Château . . .	604	2423	7379	104,95	23	2414	9793	589
Pouilly-sur-Saône. . .	705	515	1395	56,10	34	1907	3302	»
Tichey.	387	688	2857	38,33	22	843	3700	»
Trugny	210	705	1382	37,53	23	938	2320	»
Totaux	11909	22814	120164	1492.68	691	38181	158345	4682

La 4e colonne de ce tableau indique les revenus ordinaires figurant au budget, et fait ainsi connaître les ressources réelles dont peut disposer la commune. Les colonnes suivantes font connaître la quotité des centimes ordinaires et extraordinaires dont sont grevées les communes. Les centimes ordinaires sont ceux établis par les lois et comprenant les 5 centimes ordinaires sur les contributions foncière, personnelle et mobilière, les centimes spéciaux pour les chemins vicinaux et l'instruction primaire, ainsi que ceux affectés au salaire du garde champêtre, et les centimes pour insuffisance de revenus.

8

On voit aussi par ce tableau que les communes qui ont le plus de revenus sont : Seurre, qui tire en partie ses ressources de son octroi, dont le produit annuel s'élève en moyenne à 21,000 fr.; puis Labergement qui a plus de 18,000 fr. de recettes ordinaires, et en général, les communes pourvues d'affouage, lesquelles tirent, soit de la vente des réserves, soit de la vente des futaies, un revenu exceptionnel dont sont privées les autres localités.

Bureaux et établissements de bienfaisance

Il existe dans le canton de Seurre un certain nombre d'institutions de bienfaisance. J'ai déjà dit quelques mots des deux hôpitaux de Seurre et de Labergement; il me reste à parler des bureaux de bienfaisance et des sociétés de secours mutuels.

Les bureaux de bienfaisance, constitués conformément à la loi, sont administrés par une commission composée du maire, président, et d'un certain nombre de membres délégués, soit par le conseil municipal, soit par l'administration centrale. Ces bureaux, dont les revenus figurent au tableau précédent, sont ceux de Seurre, Bonnencontre, Chamblanc, Labergement, Pagny-la-Ville et Pagny-le-Château. Les revenus de ce dernier établissement sont communs aux quatre communes formant l'ancienne paroisse de Pagny, c'est-à-dire à Pagny-le-Château, Pagny-la-Ville, Le Châtelet et Labruyère.

En outre, quelques communes ont un certain crédit ouvert à leur budget, et destiné au soulagement des malheureux : ainsi, Broin, 140 fr.; Corberon,

100 fr. ; Pouilly-sur-Saône, 200 fr. ; Tichey, 60 fr. ; Jallanges et Trugny (crédit variable), etc.

Un certain nombre de localités possèdent une société de secours mutuels. Celle de Seurre est une des plus prospères. Fondée en 1838, elle fut autorisée en 1852, et compte actuellement plus de 200 membres, dont 75 honoraires. La cotisation est de 10 fr., et l'encaisse d'environ 23,000 fr. Elle fournit, outre les frais de médecin et de pharmacien, un secours en argent à ses membres malades, et possède 12 sociétaires retraités à 120 fr. par an.

Parmi les sociétés approuvées, et ayant par conséquent une existence légale, figurent celles de :

Broin, fondée en 1866, et ayant au 1er janvier 1886, un encaisse de		433 fr.	39
Chivres	—	1859	—	—	1,621	60
Corberon	—	1856	—	—	3,607	85
Labergerent	—	1865	—	—	3,180	71

Des sociétés autorisées existent aussi dans quelques autres communes, notamment à Auvillars, à Glanon, etc.

CHAPITRE V

INSTRUCTION PUBLIQUE

Organisation scolaire

Toutes les communes du canton de Seurre sont pourvues d'école, à l'exception de Trugny, dont les enfants fréquentent l'école de Jallanges; mais, par suite de la proximité de ces deux communes, cette circonstance n'est pas un obstacle à la fréquentation; les deux localités se touchent en effet, et ne forment en quelque sorte qu'une agglomération.

Les écoles de garçons qui ont d'abord été toutes des écoles mixtes, remontent pour la plupart au siècle précédent; mais les écoles de filles sont de fondation beaucoup plus récente. Voici d'ailleurs, pour chacune des écoles de filles, la date de fondation.

Seurre, école de filles fondée en	1827	Corgengon, école de filles fondée en	1873
Auvillars	—	1878	Jallanges	—	1879
Bonnencontre	—	1841	Labergement	—	1828
Broin	—	1830	Pagny-la-Ville	—	1829
Chamblanc	—	1827	Pagny-le-Château	—	1844
Chivres	—	1843	Pouilly-sur-Saône	—	1842
Corberon	—	1874	Tichey	—	1868

Huit communes ne possèdent qu'une école mixte ; ce sont évidemment les communes les moins peuplées, c'est-à-dire : Bousselange, Glanon, Grobois-les-Tichey, Labruyère, Lanthes, Le Châtelet, Montmain et Tichey, dont l'école spéciale de filles a été supprimée au 1er janvier 1887. Ces sept écoles mixtes sont dirigées par un instituteur. Les autres communes possèdent chacune deux écoles publiques spéciales ; l'une de garçons, l'autre de filles ; parmi celles-ci, trois sont encore dirigées par des congréganistes, savoir : Chivres, Chamblanc et Pagny-le-Château.

Le canton possède en outre sept postes de stagiaires, savoir : deux à l'école des garçons, et deux à l'école des filles de Seurre, un à l'école des garçons et deux à l'école des filles de Labergement. L'une de ces dernières stagiaires est chargée, sous la direction de l'institutrice titulaire, de l'école enfantine annexée à l'école communale de filles.

Enfin, il existe à Seurre une école maternelle publique, confiée à une directrice laïque, et fréquentée par 114 élèves, dont 62 garçons et 52 filles.

Les écoles publiques ont reçu en 1886-87, savoir :

Elèves de 6 à 13 ans révolus : 748 garçons et 675 filles
— de moins de 6 ans . . 102 — et 80 —
— de plus de 13 ans. . . 102 — et 48 —

      TOTAL. . . . 952 — et 803 —

Parmi les filles, 686 appartenaient aux écoles laïques, et 117 aux écoles congréganistes.

Les écoles publiques étaient fréquentées, en décembre 1886, par 1,595 élèves, et en juin 1887, par 1228 élèves, garçons et filles.

Toutes les communes sont pourvues actuellement de maisons d'école leur appartenant et en bon état ; seule, la commune de Chamblanc n'est pas propriétaire de son école de filles, qui n'est que prêtée à la commune, à la condition d'être occupée par des sœurs de l'ordre de Saint-Joseph de Cluny.

Le matériel scolaire est en bon état, et dans certain nombre de localités, les fournitures scolaires sont même faites gratuitement, soit au moyen des ressources communales ou de la caisse des écoles, soit à l'aide de dons fournis par des particuliers ou des sociétés, telles que la *Société d'Emulation* de la ville de Seurre.

En outre, le canton compte quatre écoles privées, savoir une école de garçons à Seurre, dirigée par les frères de la doctrine chrétienne, et une école de filles dirigée par des sœurs de la Providence de Vitteaux, une école de filles à Bagnot et une, de création récente, à Pagny-la-Ville, dirigée par des religieuses du même ordre.

Ces écoles comptaient en 1886-87 : Inscrits, 75 garçons et 148 filles.

A l'école congréganiste de filles de Seurre est annexée une école maternelle fréquentée par 60 enfants dont 23 garçons et 37 filles.

On voit, par ce qui précède, que les communes ont fait les sacrifices nécessaires en vue de l'instruction populaire et qu'il ne dépend que des familles de faire donner à leurs enfants, et à peu près sans bourse délier, l'instruction qui leur est indispensable.

Il est loin d'en avoir été toujours ainsi ; sans doute la plupart des communes, même les plus petites, avaient depuis bien des années des instituteurs, ou plutôt des recteurs d'école pour employer l'expression dont on se servait alors. Nous en trouvons, en effet, à Seurre, dès l'année 1450, à Chamblanc, en 1674, à Auvillars, en 1687, à Pouilly-sur-Saône, en 1704, à Montmain, en 1712, à Grosbois en 1738, etc., mais qu'étaient ces recteurs d'école ? Que pouvaient-ils enseigner et qu'enseignaient-ils en effet ? Quelle était leur situation ?

Les conventions faites avec quelques-uns d'entre eux et dont quelques copies ont été conservées, nous renseignent à ce sujet.

C'étaient des personnes un peu plus instruites que les autres habitants, qui entreprenaient de donner, contre rétribution, l'instruction aux enfants de la localité, le plus souvent pendant l'hiver seulement ; car l'école était à peu près déserte en été.

Le recteur d'école, après avoir été agréé par la municipalité, louait lui-même et à ses frais un local où il installait sa classe, et n'avait pour salaire que la rétribution scolaire, dont le taux était déterminé par la convention qui l'avait nommé : en moyenne 0 fr. 50 par mois pour les élèves qui apprenaient à lire ; 0 fr. 75 pour ceux qui apprenaient à lire et à écrire, et 1 fr. par mois pour ceux qui apprenaient à lire, à écrire et à compter. De traitement communal, il n'en était pas question. Qu'on juge dès lors du revenu que pouvait fournir au recteur d'école la rétribution scolaire dans une petite commune ! Aussi, ne faut-il pas s'étonner de voir quelques-uns de ces maîtres

chercher dans une autre occupation le supplément
de gain qui leur était indispensable pour vivre. C'est
ainsi qu'en 1774, Jean Bourillon, recteur d'école à
Pouilly-sur-Saône, entreprenait onze soitures de
broussailles à défricher, et que, même en 1833, à
Lanthes, le sieur Bouveret était en même temps instituteur et garde champêtre ! Probablement, instituteur pendant l'hiver, quand les enfants fréquentaient
l'école, et garde-champêtre en été, lorsque la déser-
tion des classes lui donnait du loisir.

Quant au local scolaire, laissé au choix du recteur
d'école qui le payait de ses deniers, on comprend
qu'il devait se préoccuper de le choisir aussi favora-
ble que possible à ses intérêts, sans s'inquiéter des
conditions dans lesquelles se trouverait la classe ;
aussi, beaucoup de personnes, même de nos jours,
se rappellent encore la salle basse, souvent humide
et par suite malsaine, à peu près toujours mal éclairée qui servait d'école, et dans laquelle ils ont appris
le peu qu'ils savent. A Labruyère, la salle d'école
qui servit à l'instituteur de la localité, à partir de
1831, est aujourd'hui une étable, et très probablement n'est pas la plus belle de la commune. Le mo-
bilier scolaire était à l'avenant, et le chauffage était
fourni par les enfants qui se rendaient à l'école, munis à tour de rôle de la bûche qui devait échauffer la
salle.

Cet état de choses dura jusqu'à la loi de 1833 concernant l'instruction primaire. Jusqu'à cette époque
il fut fort peu apporté de changements à la situation
des instituteurs ; c'est à peine si quelques communes
commencèrent à leur allouer un faible traitement,

lequel fut à peu près partout accordé à titre d'indemnité pour la fourniture du local scolaire, et encore ce traitement était fort bas : qu'on en juge par ce qui suit :

A Pagny-la-Ville, l'institutrice fournissait un local sans indemnité, et reçut de 1829 à 1848 un traitement annuel de vingt francs.

A Montmain, l'instituteur recevait, en 1826, un traitement de 60 fr. et fournissait aussi le local.

En 1825, le traitement de l'instituteur de Glanon se composait comme il suit : traitement 60 fr. plus pour rétribution des élèves indigents 15 fr., et rétribution scolaire des élèves payants, 100 fr. Total 175 fr.

En général, de 1833 à 1850, les traitements alloués aux instituteurs par les communes varièrent de 100 à 200 fr., et ne dépassèrent guère ce chiffre, sauf à Labergement, où, sans doute à cause du grand nombre des enfants, le traitement dès 1770 s'élevait à 160 livres et a atteint 210 livres en 1789. En 1830, le traitement de l'instituteur était de 330 fr. et celui des sœurs de 400 fr.

D'ailleurs, à cette époque, les instituteurs exerçaient presque tous, outre leurs fonctions, celles de secrétaire de la mairie et de chantre à l'église qui, bien que fort peu rétribuées, ajoutaient cependant quelque chose aux ressources de ces modestes fonctionnaires, à moins que, comme à Tichey par exemple, ces fonctions, aux termes mêmes des conventions passées avec l'instituteur, ne dussent être remplies gratuitement.

Voici d'ailleurs, à titre de renseignements, quelques délibérations renfermant les conditions dans lesquelles exerçaient, au commencement de ce siècle, les instituteurs des communes rurales.

Le 19 nivôse an XI, le conseil municipal de Tichey prend la délibération et l'arrêté qui suivent :

« Le conseil municipal,

« Considérant :

« 1º Que s'il est juste de pourvoir au sort d'un instituteur, il est aussi intéressant de favoriser les moyens d'instruction en fixant à un prix modéré la rétribution à payer par les parents des élèves.

« 2º Que la commune, n'ayant la propriété d'aucun édifice, il doit être pourvu en argent au logement de l'instituteur;

« 3º Que le nombre des enfants qui fréquentent habituellement l'école, est de 50; on peut dès lors porter jusqu'à 10 celui des indigents qui seront instruits aux frais de la commune;

« Arrête ce qui suit, sauf approbation des autorités supérieures :

« Art. 1er. Il sera accordé annuellement à l'instituteur de la commune 100 fr. pour lui tenir lieu de logement.

« Art. 2. Il lui sera payé tous les mois par les parents des élèves, savoir : 0 fr. 50 pour ceux qui apprennent à lire ; 0 fr. 75 pour ceux qui apprennent à lire et à écrire et 0 fr. 90 pour ceux qui apprennent l'arithmétique. »

« Le Conseil,

« Considérant qu'en procédant à la nomination d'un instituteur, il convient de régler au mieux toutes ses obligations.

« Arrête ce qu'il suit:

« 1° L'instituteur résidera dans la commune.

« 2° Il ouvrira son école le 1er pluviôse prochain.

« 3° Il fera deux classes par jour, dont il indiquera l'ouverture par un tintement de dix coups de cloche; elles auront lieu depuis le 1er brumaire jusqu'au 1er germinal, de 8 heures à 11 heures le matin, et de 1 heure à 4 heures dans l'après-midi, dans les autres saisons de 7 à 11, et de 1 à 5.

« 4° L'instituteur ne pourra accorder de congé à ses élèves que les Dimanches et les fêtes conservées par le Concordat, et l'après-midi des jeudis de chaque semaine.

« 5° L'instituteur enseignera à ses élèves la lecture, l'écriture, l'arithmétique et la morale publique.

« 6° L'Ecole sera sous la surveillance du maire, de l'administration, des membres du conseil municipal et de tous les bons citoyens.

« 7° Le citoyen Nicolas Rey, de Tichey est nommé instituteur de ladite commune.

« Le présent arrêté sera publié et affiché ; une copie en sera adressée à M. le Sous-Préfet, et une autre à l'instituteur. »

En 1806, nouveau règlement où il est dit :

« Art. 6. Indépendamment des fonctions de son état, l'instituteur fera *gratuitement* les écritures de la mairie et du conseil municipal.

« Art. 7. L'instituteur sera obligé de chanter les offices divins, et d'assister *gratuitement* M. le curé dans ses fonctions lorsque son ministère sera utile.

« Art. 8. Le logement sera procuré par la com-

mune, mais payé par l'instituteur sur son traitement.

« Art. 9. Le traitement est de 200 fr. payables par
semestre.

« Art. 10. La rétribution est de 0 fr. 50, 0 fr. 75
et 0 fr. 90. »

A Bagnot, une délibération en date du 15 décembre
1810 relative à la nomination d'un nouvel instituteur
porte :

« Art. 1er. Le sieur Poupon sera tenu d'assister
M. le desservant dans toutes les cérémonies religieuses.

« Art. 2. Il sera tenu d'ouvrir une école dans la
maison rectorale de Bagnot, deux fois par jour, où
les enfants assisteront depuis 8 heures jusqu'à 11
heures du matin, et depuis une heure jusqu'à 4 de
relevée.

« Art. 3. Il lui sera payé par chaque élève et par
mois 0 fr. 50 centimes pour ceux à l'alphabet, et
0 fr. 75 centimes pour ceux qui liront et écriront, et
à qui on apprendra les premiers éléments de l'arithmétique.

« Art. 4. Il est accordé audit Poupon ladite maison rectorale pour logement sans aucune rétribution,
sur quoi il sera obligé de fournir un local nécessaire
pour la tenue des assemblées du conseil.

« Art. 5. Il sera accordé audit sieur Poupon une
portion dans l'affouage de la commune, comme à un
autre habitant.

« Art. 6. Il sera alloué au sieur Poupon une somme de 150 fr.

« Art. 7. Le sieur Poupon est nommé de droit gref-

fier de la mairie, et jouira du traitement accordé
par la Loi (50 fr.)

« Art. 8. Et enfin, il lui sera alloué une somme de
12 fr. pour le tambour de la commune. »

On pourrait multiplier les citations, mais la chose
serait inutile, car toutes ces délibérations ou plutôt
toutes ces conventions se ressemblent, et sont à peu
de chose près identiques.

Toutes spécifient exactement quelles sont les obligations de l'instituteur, et quels seront ses émoluments ; surtout elles ont grand soin d'indiquer, souvent même en premier lieu, que l'instituteur sera
tenu d'assister M. le curé et de lui prêter son aide
dans toutes les cérémonies de l'église et quelquefois
même, ainsi que je l'ai dit, sans rétribution.

Aussi, en face de toutes ces circonstances qui venaient entraver la diffusion de l'instruction primaire
dans les campagnes, on comprend combien il était
difficile de rencontrer de bons maîtres, s'attachant à
une profession qui ne les mettait souvent pas à même
de faire vivre leur famille, et par suite du défaut de
fréquentation, combien peu d'élèves arrivaient à ac-
quérir une instruction suffisante. Néanmoins, à partir de la Loi de 1833, une amélioration sensible se
manifeste, et le degré d'instruction des jeunes
gens s'élève rapidement. Presque tous les jeunes
gens savent lire et écrire, et la moyenne des illettrés
qui variait de 30 à 40 % dans le canton, en 1850,
est descendue aujourd'hui à une quantité infime et
ne dépasse pas 1 à 2 % dans la plupart des communes.

Cette loi de 1833 est le point de départ d'une série d'améliorations dans la position des instituteurs; c'est à partir de cette époque seulement que les communes furent appelées à veiller d'une façon plus directe à ce que les maîtres chargés d'enseigner la jeunesse soient un peu mieux rétribués qu'auparavant.

On pourra d'ailleurs juger, par ce qui suit, de cette marche en avant qui, non seulement ne s'est pas arrêtée jusqu'ici, mais a même pris dans ces dernières années une extension plus grande.

Divers décrets de la convention nationale avaient fixé au chiffre de 1,200 livres le minimum du traitement des instituteurs; mais il est à croire que ces décrets ne furent jamais appliqués : car presque aussitôt, arriva la loi du 3 brumaire an IV qui supprima totalement le traitement de l'instituteur ; elle ne lui accorde que la jouissance d'un local tant pour lui servir de logement que pour recevoir les élèves pendant la durée des leçons ; les communes eurent la faculté d'allouer à l'instituteur une somme annuelle pour lui tenir lieu du logement; en outre, les instituteurs durent recevoir de leurs élèves une rétribution dont le taux était fixé par l'administration du département, et dont le *quart* des élèves put être exempté pour cause d'indigence.

Et encore, cette rétribution scolaire était payée à l'instituteur directement par les familles non dispensées; le plus souvent partie en argent, partie en nature ; dès lors il devait y avoir de nombreuses non-valeurs, et que l'on calcule quel revenu pouvait faire à l'instituteur une classe d'une vingtaine d'élèves ne fréquentant guère que pendant l'hiver, et

dont le quart était même dispensé de tout paiement!
C'est sous l'empire de cette loi qu'ont été faites les
conventions citées ci-devant.

Elle fut remplacée par la loi du 28 juin 1833 aux
termes de laquelle la commune est tenue de fournir
à l'instituteur, outre le local, un traitement fixe qui
ne peut être moindre de 200 fr. Le maître continue à
jouir de la rétribution scolaire, mais la loi prend
soin d'en assurer l'exact recouvrement en décidant
qu'elle sera perçue par les percepteurs, au lieu de
l'être directement par les instituteurs.

Vient ensuite la loi du 15 mars 1850, qui garantit
à l'instituteur un minimum de 600 fr. seulement dans
le cas où ce taux ne serait pas déjà atteint au moyen
du traitement fixe de 200 fr. et du produit de la rétribution scolaire. Cette loi ne contient aucune dis-
position relative au traitement des institutrices.

Bien que la situation, créée par la loi de 1850, ne
soit rien moins que brillante, celle des instituteurs
titulaires débutants ne tarde pas à être considéra-
blement amoindrie par le décret du 31 décembre
1853, qui crée deux classes de suppléants comprenant
les titulaires âgés de 21 à 24 ans, auxquels il n'est
plus garanti que 400 et 500 fr. au lieu de 600 fr.

Cette distinction subsista pendant 5 ans, et bon
nombre de collègues qui sont encore en exercice,
ont débuté dans ces conditions peu rémunératrices
pour un travail pénible et des obligations nombreuses.
Le décret du 20 juillet 1858 supprima les suppléants
à 400 fr., mais les suppléants à 500 fr. subsistèrent
jusqu'au décret du 29 décembre 1860, qui ramena
purement et simplement à la loi de 1850.

La loi du 10 avril 1867 eut pour but de suppri-
mer toute limite dans le nombre des élèves admis
gratuitement, et même de favoriser l'établissement
de la gratuité absolue par des subventions en faveur
des communes disposées elles-mêmes à s'imposer
quelques sacrifices, et cela sans nuire, même dans
les écoles payantes, aux intérêts des maîtres, garan-
tis par les lois antérieures.

Aux termes de cette loi, le traitement de l'instituteur se composait :

1° D'un traitement fixe de 200 fr.

2° Du produit de la rétribution scolaire ;

3° D'un traitement éventuel calculé à raison du
nombre des élèves gratuits présents à l'école d'après
un taux fixé chaque année par le Préfet après avis
du conseil municipal et du conseil départemental.

4° D'un supplément accordé à tous les instituteurs
et les institutrices dont les trois premiers éléments
réunis n'atteignaient pas les minimums légaux.

Cette loi est la première qui ait assuré un minimum de traitement aux institutrices ainsi qu'aux
adjoints et adjointes.

C'est d'après ces bases que sont encore réglés les
traitements actuels des fonctionnaires de l'enseignement ; mais la loi du 19 juillet 1875 a réalisé une
notable amélioration en fixant des traitements minimums supérieurs aux précédents et surtout en
répartissant les instituteurs et les institutrices titulaires ou adjoints en diverses classes accessibles à
chacun au bout d'un nombre d'années déterminé
(cinq).

D'après cette loi, les instituteurs titulaires sont

divisés en quatre classes, dont les traitements minimums varient de 900 fr. à 1,200 fr., et les institutrices en trois classes avec traitements variant de 700 à 900 fr. ; les instituteurs adjoints ont un traitement garanti de 700 fr., et les institutrices adjointes, de 600 fr.

Viennent ensuite la loi du 16 juin 1881, qui supprime la rétribution scolaire dans toutes les écoles, et met ainsi l'instruction à la portée de tous, et celle du 28 mars 1882, qui rend l'instruction obligatoire, et édicte des pénalités contre les pères de famille qui négligent d'envoyer leurs enfants à l'école.

Enfin, une loi, actuellement soumise aux délibérations du Sénat et votée par la Chambre des députés, complète l'ensemble des réformes scolaires accomplies depuis quelques années, et tend encore à améliorer dans une juste mesure la situation des membres du corps enseignant.

Tout cet ensemble de lois successives et de mesures diverses montre que, depuis 1789, tous les gouvernements ont eu quelque souci du développement de l'instruction ; mais que l'on compare ce qui avait été fait avant 1870 avec ce qui a été fait depuis cette époque !

Avant 1790, nous voyons d'abord des maîtres sans traitement garanti, n'ayant pour toute ressource qu'une rétribution scolaire minime, dont le recouvrement n'est pas même assuré, et cette situation se maintenir sans changement jusqu'à 1833 où se manifeste une légère amélioration pour n'aboutir qu'en 1850 à un traitement minimum garanti de 600 fr. et se maintenir de 1867 à 1875 au chiffre de

700, chiffre totalement insuffisant, ne permettant pas, je l'ai déjà dit, à l'instituteur, de pourvoir aux besoins de sa famille et l'obligeant par suite à chercher dans des occupations complètement étrangères à son état, et aux dépens de son indépendance et de sa dignité personnelle, le supplément de ressources qui lui est indispensable, dès lors ne l'attachant pas à sa profession.

D'autre part, nous voyons les familles obligées, à moins qu'elles ne soient notoirement indigentes, de payer pour l'instruction de leurs enfants une rétribution mensuelle qui, bien que peu élevée, ne laisse pas que d'être encore assez lourde surtout pour les familles quelque peu nombreuses, et est un obstacle sérieux à la fréquentation. Enfin, l'instruction des filles, des futures mères de familles, à peu près complètement négligée.

Mais, après la funeste guerre de 1870-71, tout change. On comprend en France que c'est par l'instruction seule qu'un peuple se relève et trouve de nouvelles forces; que c'est, en outre, l'instruction qui éclaire les citoyens sur leurs droits et surtout sur leurs devoirs, mais que pour arriver à donner une instruction solide, il faut en premier lieu de bons instituteurs, et pour cela leur offrir une position plus indépendante et au moins équivalente à celle que leur intelligence ou leurs facultés pourraient leur procurer dans une carrière autre que l'enseignement; qu'il faut à ces instituteurs des élèves fréquentant l'école aussi longtemps et aussi régulièrement que possible, sans que les parents aient d'objections à opposer, enfin que l'instruction des filles ne doit pas être plus négligée que celle des garçons. De là les nombreuses lois concernant l'instruction primaire, et notamment la loi du 18 juillet 1875 sur les traitements, celle du 16 juin 1881, établissant la gratuité absolue, la loi du 28 mars 1882 sur l'obligation scolaire, et par-dessus tout, pour servir de guide aux maîtres et mettre de l'ensemble dans l'enseignement national, les programmes et les règlements de 1882, enfin la grande loi du 30 octobre 1886 ainsi que le décret et l'arrêté du 18 janvier 1887 sur l'organisation de l'enseignement primaire, lesquels réglementent toutes les dispositions contenues dans des lois précédentes (*Lois sur l'établissement des écoles normales, 9 août 1879; — sur les écoles manuelles d'apprentissage, 11 décembre 1880; — sur les titres de capacité, 16 juin 1881, etc.*).

Ce sera l'éternel honneur de la troisième république d'avoir su comprendre toutes ces choses et d'être arrivée à les conduire à bonne fin. Les pouvoirs publics auront de la sorte créé une génération aux idées larges et généreuses, capable de se conduire elle-même; ils auront, en un mot, contribué à former des citoyens éclairés, sincèrement dévoués à leur patrie, comprenant les devoirs qui leur incombent, et se montrant toujours empressés à remplir toutes leurs obligations de Français et de patriotes!

Dijon, Imprimerie Darantiere, rue Chabot-Charny, 65

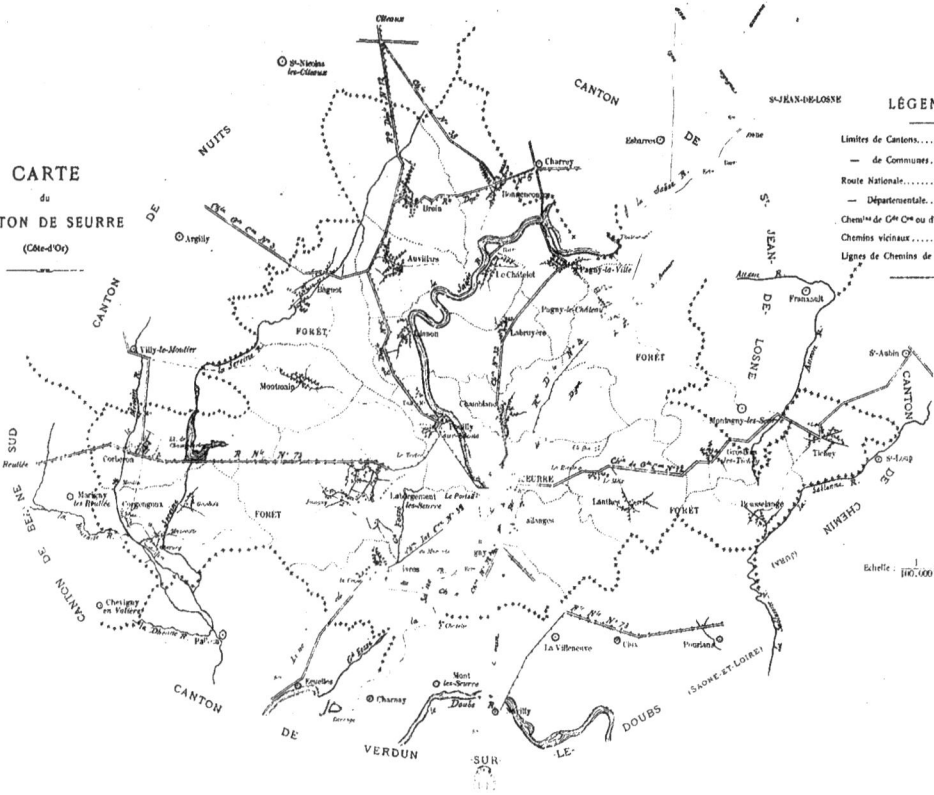

CARTE
du
NTON DE SEURRE
(Côte-d'Or)

CANTON DE SEURRE

St-JEAN-DE-LOSNE

LÉGENDE

Limites de Cantons............
— de Communes..........
Route Nationale..............
— Départementale........
Chemins de Gᵈᵉ Cᵐᵉ ou d'Intᵗ Cᵐᵉ
Chemins vicinaux ....
Lignes de Chemins de Fer....

Echelle : 1/100.000 ; 0ᵐ01 par kilom.

www.ingramcontent.com/pod-product-compliance
Lightning Source LLC
Chambersburg PA
CBHW051721090426
42738CB00010B/2026